iHuman

成
为
更
好
的
人

梁治平 著

法意与人情

广西师范大学出版社
·桂林·

FAYI YU RENQING

出 品 人：刘春荣
责任编辑：罗　灿
助理编辑：周丹妮
封面设计：彭振威
责任技编：郭　鹏

图书在版编目（CIP）数据

法意与人情 / 梁治平著．—桂林：广西师范大学出版社，2021.1
　ISBN 978-7-5598-3043-2

　Ⅰ．①法… Ⅱ．①梁… Ⅲ．①法律－中国－古代－文集 Ⅳ．①D929.2-53

中国版本图书馆 CIP 数据核字（2020）第 126316 号

广西师范大学出版社出版发行

（广西桂林市五里店路 9 号　邮政编码：541004）
　网址：http://www.bbtpress.com
出版人：黄轩庄
全国新华书店经销
广西民族印刷包装集团有限公司印刷
（南宁市高新区高新三路 1 号　邮政编码：530007）
开本：889 mm×1 194 mm　1/32
印张：7.375　　字数：90 千字
2021 年 1 月第 1 版　　2021 年 1 月第 1 次印刷
定价：48.00 元

如发现印装质量问题，影响阅读，请与出版社发行部门联系调换。

目 录

- *001* 自序
- *001* 说"抵"
- *009* 神明裁判
- *015* 神道设教
- *019* 中国历史上的刑、法、律
- *031* "礼入于法"
- *039* "复仇"情结
- *047* 国家
- *051* 成文法
- *055* 天下为公
- *057* 商贱
- *061* 公法
- *063* "法"中之"儒"

067 阴阳

071 "约法三章"

075 "诏不当坐"

079 经义决狱

083 人命关天

087 收继婚

091 监护

097 时效

103 诸法合体

109 文人判

121 妙判(一)

127 妙判(二)

131 释讼

135 另一种文人判

139 诗可以为治

143 诗谳

149 五声听狱

153 清官断案

163 法意与人情

169 法律中的人性

173 经与权

177 法律中的逻辑

183 律学

187 刀笔吏

191 讼师

195 再说讼师

203 讼之祸

207 沈家本与中国近代法制

221 再版说明

223 参考文献

自　序

大约是在两年前，应一位编辑朋友之约，我为《文史知识》写了一小组短文，这些短文后来以《古法丛谈》为总题，陆续刊登出来。虽然就字数而言，这一组文字在本书中所占的比重不算大，却是后来写成本书的一种机缘，而且，当初写《古法丛谈》的某些考虑，也可以引申来作本书的一点说明。我所以从这组短文谈起，就是这个缘故。

《古法丛谈》的性质，与其说是对中国古代法的某种系统讨论，毋宁说是一本成书的片片"花絮"。1988年夏末，我完成了一项中国传统法律文化的研究，写成的书题为《寻求自然秩序中的和谐》（下简称《和谐》）。撰写《古法丛谈》时，此书尚在印厂，我无意再就"中国古代法"这个题目写一组成系统的文字，遂就成书中一些自以为有新意的看法，或综述，或铺衍，撰成一组短文。其性质如此，若能以《和谐》一书为参照阅读，大概会比较有益。事实上，劝使读者诸君将本书拿来与《和谐》对读，更是我想要说的意思。

写作《和谐》用了整整一年的时间，然而正像该书"后记"里说的，"讨论中国古代法律文化这样一个大题目，仅仅一年的时间是远远不够的"。两年前写的《监护》和《时效》等文，因为增补和重组了材料，对《和谐》一书的原有内容是很好的补充。后来写的《沈家本与中国近代法制》，时代和人物与《和谐》最末一章同，然而关注之问题不同，正可互相补足；《说"抵"》一文着重于正义问题和古代文明的共通处，于《和谐》一书不但有补缺之功，而且有匡正之益。至于新近写成的《文人判》等十数篇文字，虽然依旧是以中国古代法为讨论的对象，其材料多出自稗官野史，论题亦往往是在《和谐》之外，它们对于中国传统法律文化研究的意义不言自明。只是，本书中各篇原不曾有系统的组织，不过是集中于同一大题目（广义上的"法意与人情"）之下的杂谈而已。也许，有读者会把《妙判》《刀笔吏》或者《释讼》一类文章纯当作古代笑话来读，而我的本意，恰是要在那里面去把握真实的历史。我知道，做到这一点并不容易，尤其我现在采用的是杂谈这种形式。这也是我强调本书与《和谐》一书的关系，并且希望读者也把它们联系起来看待的原因之一。

收入本书的文章，大约有一半是以前不曾发表过的。已经发表过的各篇，文后俱已注明发表时间和刊物名称，这里就不再一一说明了。

梁治平

1991年12月7日

北京万寿寺寓所

说 "抵"

美国汉学家布迪（D. Bodde）著《中华帝国的法律》[1]，由清《刑案汇览》等选案一百九十例。原书"case 164.1"引道光六年说帖[2]，王四等共殴杨大和、李宏怀身死一案，其文曰：

> 查例载：同谋共殴致毙二命非一家者，原谋从一科断。如原谋在监病故，准其抵命，将下手应绞之犯一体减等拟流等语。[3]

其中，"准其抵命"一语最关键。本案中原谋同案犯之由绞监候递减至流，全由此而来。布迪更认为，"抵"字所表明者，实为中国古时"天人合一"哲学于刑罚观念和法律制度

---

[1] D. Bodde & C. Morris, *Law in Imperial China*, Cambridge: Harvard University Press, 1967.
[2] 《刑案汇览·刑律》。
[3] 原书选同类案例尚有 case 164.2、185.1、187.1、194.3 等。

上的一种深刻影响，不可不特别予以注意。这里，布迪谈论的已不仅是具体的规则本身，而是规则的依据，是一种法律制度得以确立的基础了。

《经籍籑诂》卷三十四引《国策·中山策》"臣抵罪"注、《吕览·分职》"而抵诛者无怨矣"注，谓"抵，当也"。《说文·田部》："当（當），田相值也，从田，尚声。"《辞源》"抵"字条引《周礼·地官·泉府》"买者各从其抵"，并杜工部诗"烽火连三月，家书抵万金"，解为"价值相当"，可谓甚得其意。然而下面"抵诛"一条，解为"因犯罪而被处死刑"，似未尽确当。古人讲求罚当其罪，这才合"抵"的原义。秦法弃灰于道者受诛，是刑罚不当，所以致民怨沸腾。汉高祖入关，尽除秦苛法，只与父老约法三章，"杀人者死，伤人及盗抵罪"。秦人闻之大喜。[1]《索隐》引韦昭云："抵，当也。谓使各当其罪。"当其罪者，正含有罪刑相当之义。"抵"字所代表的，首先是古人的一种正义观念。

1804 年《法国民法典》的扉页上面，正义女神一手持利剑，一手持天平。把天平当作正义的象征物，古时已然。埃及古老的死亡之神阿努比斯，总要把死者的心放在天平上称量，看是否有亏欠。[2] 希伯来人亦愿意使用天平的说法。被神考验的约伯说："我若被公道的天平称度，使神可以知道我的

---

1 《史记·高祖本纪》。
2 Stig Jorgensen, *Values in Law*, Oslo: Juristforbundet, 1978.

纯正。"[1] 在希腊、罗马神话里面，象征道德与法律的天平（同时也象征命运、贸易等）更屡屡可见。罗马早期法律所规定的财产移转须以"铜块和秤式"（per aes et libram）来完成，这或者可以表明天平与公道观念之间的某种关联。正义观念植根于人性之中，正义的象征物自然也从现实的生活条件中提取出来。既然私有制是文明的标志，交换是文明延续的条件，也就没有什么比"称量"更要紧的了。

中国古代法律的公正持平辄以传说中善辨曲直的独角神兽獬豸为象征物。古法之观念亦与此有关。《说文·廌部》："灋，刑也。平之如水，从水；廌，所以触不直者，去之，从去。"是以水又成为平正的象征。称量的观念正与此相关。关于这一点，清人沈家本引述颇精详：

> 《坎》："律，铨也。"注："《易·坎卦》主法，法律皆所以铨量轻重。"郝氏《义疏》："铨者，《说文》云'衡也'，《广韵》云'量也，次也，度也'，《文选·文赋》注引《苍颉篇》曰'铨，称也'，《声类》曰'铨，所以称物也'，《广雅》'称谓之铨'，《吴语》云'无以铨度天下之众寡'。坎者，水也，水主法者。《左氏宣十二年》杜预注'坎为法象'。《说文》云'法，刑也。平之如水，从水'。《考工记·轮人》云'水之以眡其平沉

---

[1] 《旧约·约伯记》31:6。天平的说法又见《旧约·诗篇》62:9、《旧约·但以理书》5:27等处。

之均也，权之以眂其轻重之侔也'，然则水主均平，权知轻重，水即坎也，权亦铨也，铨衡所以取平，故坎训铨矣。律者，上文云'述也'，《释诂》云'常也，法也'。法律同类，故《易·集解》师坎下并引《九家》注'坎为法律'，《淮南·览冥篇》注又云'律，度也'，盖律度铨衡并主法之器，故展转相训。《左宣十二年传》正义引樊光曰'《坎卦》水也，水性平，律亦平，铨亦平也'。"[1]

秦时，"囹圄如市，悲哀盈路。汉王以三章之法以吊之，……于时百姓欣然，将逢交泰"[2]。可见高祖之约法三章，要不在其削繁就简，在其实现公义耳。抵者，当也。称量之义实包含于"相当"之中。

俗语谓"杀人偿命"、"一命抵一命"，其中所包含的称量观念，一如这种句式本身的匀称。因此说，"杀人者死"是古时正义观念的一种表现。荀子云：

> 杀人者不死，而伤人者不刑，是谓惠暴而宽贼也，非恶恶也。故象刑殆非生于治古，并起于乱今也。治古不然，凡爵列、官职、赏庆、刑罚皆报也，以类相从者也。……罚不当罪，不祥莫大焉。……夫征暴诛悍，治之盛也。杀人者死，伤人者刑，是百王之所同也，未有

---

1 沈家本：《历代刑法考·律令一》。
2 《晋书·刑法志》。

知其所由来者也。[1]

是"杀人者死"又不仅为一正义的命题,而且是冥冥中的公理了。《旧约·创世纪》上说,"凡流人血的,他的血也必被人所流"[2]。《旧约·利未记》里说得更具体:"打死人的,必被治死。打死牲畜的,必赔上牲畜,以命偿命。人若使他邻舍的身体有残疾,他怎样行,也要照样向他行。以伤还伤,以眼还眼,以牙还牙。他怎样叫人的身体有残疾,也要照样向他行。"[3]《汉谟拉比法典》(巴比伦,公元前18世纪)第一九六条:"倘自由民损毁任何自由民之子之眼,则应毁其眼。"第一九七条:"倘彼折断自由民(之子)之骨,则应折其骨。"又第二〇九与二一〇条规定,倘一自由民殴打另一自由民之女致死,则应以杀人者之女性命抵偿。[4] 共和早期的罗马人中间也有同样的原则。《十二表法》(公元前451年至前450年)第八表第二条规定:"如果故意伤人肢体,而又未与(受害者)和解者,则他本身亦应遭受同样的伤害。"[5]

"以牙还牙"既是正义原则的一种,其表现出于杀人与伤害之外而及于其他,亦不足为怪。中国古代法律向以反坐法待诬告。《唐律疏议》卷二十三:"诸诬告人者,各反坐。"其

---

[1] 《荀子·正论》。
[2] 《旧约·创世纪》9:6,这一条诫命甚至还有宗教上的庄严性,参看《旧约·民数记》35:33。
[3] 《旧约·利未记》24:17-20。又见《旧约·出埃及记》21:23-25、《旧约·申命记》19:21等。
[4] 引据《世界通史资料选辑》(上古部分)。
[5] 同上。

他有关诬告各条,皆分别情势,在此原则基础上加以变通。[1]同样原则亦见于《汉谟拉比法典》。该法第一条规定:"倘自由民宣誓揭发自由民之罪,控其杀人,而不能证实,揭人之罪者应处死。"(第二条类此)以下论及伪证时云:"自由民在诉讼案件中提供罪证,而所述无从证实,倘案关生命问题,则应处死。"(第三条)"倘所提之证据属于谷或银的条件,则应处以本案应处罚之刑。"[2] 是为诬证反坐。《旧约·申命记》19:18-19云:"审判官要细细地查究,若见证人果然是作假见证的,以假见证陷害弟兄,你们就要待他如同他想要待的弟兄。"甚至在罗马一系的法律里面,也有类似诬告反坐的制度,此由"inscriptio"一词可知[3]。

作为正义观念的"抵"的要求,并不一定意味着纯粹物理学上的对等。天平两端的称量物可以因为社会诸因素的加入而生变化。不过在我们讨论的范围之内,实现正义的衡量标准基本上全是自然的。相信这种生命与生命、肢体与肢体、伤害与伤害之间的自然换算,乃是所有文明类型在它们早期历史中经历过的,因为它是古代各民族共有的伦理观念在一种特定历史阶段上的表现。"你们愿意人怎样待你们,你们也要怎样待人。"[4] 这是律法和先知的道理,是基督的金箴。子

---

1 详见《唐律疏议》卷二十三之 342、343、344,卷二十四之 346、347、350、354、356、357 诸条。
2 第四条。引文俱同前书。
3 详见 *Black's Law Dictionary*, Eagan: West Publishing Company, 1979。
4 《新约·马太福音》7:12;《新约·路加福音》6:31。又见《新约·马太福音》7:2:"你们用什么量器量给人,也必用什么量器量给你们。"

曰："己所不欲，勿施于人。"[1] 这是基督金箴的另一种说法，而与2世纪《十二使徒遗训》中的表达方式相同。实际上，同样的伦理训诫见于古代所有文明。以公正闻名，身为冥界判官之一的希腊神祇拉达曼提斯有言："倘若人承受自己之所为，公义就会实现。"[2] 释迦牟尼说："勿以使汝痛苦之事加于人。"耆那教的格言是："无论苦乐，吾人当以待己之道应天下造物，勿以己之不欲加害于人。"拜火教创始人琐罗亚斯德说："勿以己不欲之事待人。"柏拉图云："吾欲人怎样待吾，吾亦怎样待人。"犹太教的圣哲希勒尔拉比教导说："汝所恶者，勿施于汝伴。"[3] 也许，这是人类伦理训诫中最早具有普遍价值的一种。其所以如此，恐怕还不仅是因为人类皆经历过某种文明的初级阶段，更是因人性本有所同，而人类的正义观念，又植根于此共同人性之中。

人类个体千差万别，然而人之为人，不但其最基本的生存条件相同，其第一性的欲求亦相同。趋利避害乃人之本性，甚至快适与苦痛的感觉，在其最基本的意义上，也是人所共有的经验。是以基督金箴、孔子宝训，不但有生理学上的根据，而且有心理学上的基础。人类的每一个成员，不分种族、肤色与信仰，亦不受时代与地域的限制，都可以充分理解这一条训诫的含义，所以它具有普遍性。人性不变，这一条伦

---

[1]《论语·卫灵公》。
[2] 引据亚里士多德《尼各马可伦理学》1132^{b}25。
[3] 以上诸条引据 D. Runes, *Pictorial History of Philosophy*, New York: Philosophical Library, 1959。

理的训条亦不失其效力。虽然具体的正义观念因时因地而异，基督金箴依然被引为"绝对律令"，其恒久性可知。

惩罚犯罪，只是文明得以发展的一种必要条件；罪刑相当，却是文明发展的充分条件之一。在人类社会发展的某一个阶段上，"杀人者死"、"以牙还牙"，或者以反坐对待诬告与伪证，并不只是惩罚了犯罪，而且是正义地惩罚了犯罪。虽然在古代文献里面，"抵"字确实与某种特殊的哲学观念相连，但是它的根据，终究要在人类的共同本性中去寻找。我们可以在这样的意义上去理解"抵"字的含义。

神明裁判

初民社会，倘狱讼中的是非真伪难以判断，人们往往求诸神明，由此产生出一种特别的裁判法，后人称为"神判法"。

以"神判法"检验真伪的最简单方法，是置嫌疑者于一危险境地，看他是否能够安然无恙。

希腊人常将人浮在海上，又有使人从高岩上跃下的习惯。毒剂是非洲 Ashanti 人常用的一种方法。Ju Ju 人则使嫌疑犯在充满毒蛇与鳄鱼的池里游泳过去。他们相信神对于无辜者的生命是不会坐视其死而不加以保护的，否则便证明他有罪，同时也就执行了惩罚。这种以生命为赌注的方式是以神为裁判者，同时也是执行者。有许多社会不使嫌疑犯受死的威胁，测验时只受肉体的痛苦，目的只在求神的判断，执行的部分则由人类自行为之。火是最常用的，以灼热的铁灼人足部或使人握在手里是很普遍的方法。有时则以滚热的油注入手中，或使人从沸水里检出热的石块。又有的社会使人赤足从铁犁上走过。这些方法都是使嫌疑犯尝受肉体上的痛苦，以有无伤毁来判断他有罪无罪。

有的神判法是不大有痛苦的，将人抛入河池以浮沉测罪的习惯极为普遍。《旧约》中以苦水试验妻的贞操是中世纪欧洲基督教国家公认的断罪方法。特殊的饮食品也是常用的方法。苏门答腊人以一握生米或面粉令人吞咽，如果因此而窒息或咳嗽便证明有罪。酒在非洲Thonga人中常被应用。在印度又有天平测验的方法，人在一头，石头在另一头，如天平不能保持平衡，便是有罪。

更有些方法，以物为试验的对象，人毫无痛苦不适，例如以圣经中诗篇旋转的方法测验有罪与否。非洲Ewe人在巫前放一锄和篮子，如拿锄头便有罪。有时则将盐粒抛入沸水中，看是否分而为二，如不分裂便证明无罪。Borneo人有斗鸡斩猿的方法。

像这许多不同的习惯，虽包含各种不同的方法和程序，但是人们依赖神灵求助于神的裁判，目的完全相同。[1]

事实上，实行神明裁判的并不只是原始民族。靠向神明宣誓来判别是非、解决纷争的办法，在古代两河流域和中世

---

[1] 瞿同祖：《中国法律与中国社会》，第197—198页。

纪的欧洲都很盛行；以热铁和开水立证以及在两造之间实施决斗以明是非的办法，直到13世纪初还在欧洲司法制度里面占据着重要地位。这些裁判方法，具体说表明了特定时代特定民族的信仰与风尚、人情与习惯，一般说则反映出人类思维发展过程中的某些特点。后人可以据此来判定他们祖先实现正义的具体方式。而就这一点来说，我们便不能不承认，这些看似古怪荒谬的证验与裁判手段，曾经都是相对合理的。

18世纪的法国人孟德斯鸠十分注重法律与环境（广义上的环境，即法律产生于其中的全部人文的和自然的背景）的相互关系。这种浸透了历史主义观点的方法，使他对于神判法有些独特的看法。比如他说以决斗立证的办法是有些道理的，这些道理建立在经验的基础上面："在一个专事武艺的民族，懦怯就必然意味着其他邪恶；懦怯证明一个人背离他所受的教育，没有荣誉感，不按照别人所遵守的原则行事。懦怯说明一个人对别人的轻蔑满不在乎，对别人的尊重也不当一回事。……因为一个人看重了荣誉，就终身从事一切获致荣誉所不可或缺的事情。此外，在一个尚武的国家，人们尊重武力、勇敢和刚毅，所以真正丑恶可厌的犯罪就是那些从欺诈、狡猾、奸计，也就是说，从懦怯产生出来的犯罪。"孟德斯鸠的结论是："在决斗立证、热铁和开水立证的习惯仍然存在的时代环境之下，这些法律和民情风俗是协调和谐的，所以这些法律本身虽不公平，但不公平的后果却是产生得很少。"[1] 毫无疑问，这是一种正确的看法。

依据自然律，伪誓者固然不至为自己的誓言所累，但是当宣誓立证的方法还在流行的时候，人们一定不敢在神前轻易地说出一个誓言，因为他真的相信这个誓言终究是要兑现的。而当社会已经发展，人心已然变化，人们可以随口立下重誓的时候，宣誓立证的方法也就衰落了，因为它已不再奏效。它所产生的不公平后果有目共睹，尽人皆知。也许我们应当确立这样一种信念：一个规则或是一种法律，只有在基本满足了社会正义要求的前提下才能够长久地存在下去。

通常，正义的要求都集中在公平这件事情上面，但是每个社会实现公平的方式不尽相同，更不用说它们对公平本身的看法也可能存在歧异。对于在另一时代另一社会看来是古怪乃至荒谬的规则来说，能够保证其实现正义的，的确不是这些规则本身，而是产生了这些规则，并且使它们在其中发挥作用的诸多社会和心理因素。自然，有些用以证验和裁判的方式，因为其性质本身，很少可能辨识出真正的罪犯，但在人们普遍相信这类证验和裁判法的社会里面，法律的"正义"功能到底实现了。此外我们不要忘记，在当时的社会状态下面，采用这类方法来验证和惩罚犯罪的情形不会是日常的和大量的，而在为数不多的这样的场合，它们不可能每次都是错的。

对于神明裁判容易产生的另一种错误印象，是以为这些

---

[1] ［法］孟德斯鸠：《论法的精神》第二十八章。

方法不但简陋，而且可以随意施用。一般看待初民社会和古代民族的非历史主义态度，更容易强化这样的印象。而事实可能正好相反。既然不可能经常和大量采用神明裁判的方式决断疑案，既然运用这类手段需要求助于神灵，那么我们推测那是在某种仪式完备的庄严场合进行的，应当更加可信。据文献记载和人类学家实地考察，神明裁判总是由神职人员或者巫师们执掌。庄严的仪式、烦琐的程序，以及各种各样辅助性和限制性的规则，使得应用神明裁判的那种法律制度，能够成功地保持其神圣性与权威性。我想在满足当时社会的正义要求方面，它们未必比现时的制度更差。

最后，我们可以简略地说一说中国。

相传舜为天子，皋陶为士，遇疑案不能决，则以独角神兽獬豸触之，有罪则触，无罪则不触。根据《说文》的解释，古"法"字写为"灋"，就是从这里来的。不过，《周礼》提到的"五声听狱"，以人类的智虑作基础，已经是人判而非神判了。考之信史，只边疆诸少数民族实行神判法，汉文化中久已不见有神判法实行。虽然对于神明的信仰长久且广泛地存留在中国民众之中，甚至这种情形还不可避免地影响到了个别司法官吏的行为，但是作为一种制度、一种公开宣明的原则，在中国，自有信史记载以来，法律即完全不受神明的支配与干预。它的道德基础是伦常与人情，它的形而上学根据是天理和自然。这些事实确是耐人寻味。

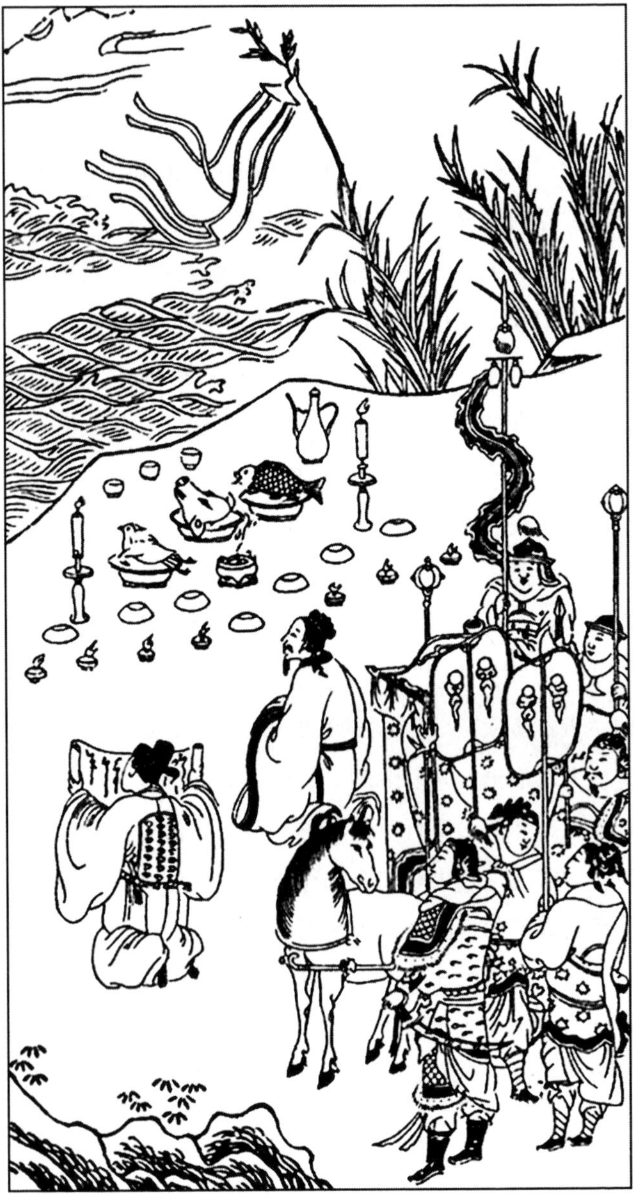

神道设教

《明会典》九四《有司祀典下》收有当时官颁府州县官祭厉文一道，其文曰：

> 凡我一府境内人民，倘有忤逆不孝、不敬六亲者，有奸盗诈伪、不畏公法者，有拗曲作直、欺压良善者，有躲避差徭、靠损贫户者，似此顽恶奸邪不良之徒，神必报于城隍，发露其事，使遭官府，轻则笞决杖断，不得号为良民，重则徒、流、绞、斩，不得生还乡里。若事未发露，必遭阴谴，使举家并染瘟疫，六畜田蚕不利。如有孝顺父母、和睦亲族、畏惧官府、遵守礼法、不作非为、良善正直之人，神必达之城隍，阴加护佑，使其家道安和，农事顺序，父母妻子保守乡里。我等阖府官吏等，如有上欺朝廷、下枉良善、贪财作弊、蠹政害民者，灵必无私，一体昭报。

这虽然并不表明一般所谓神判法的存在，但是二者的思想基础不乏相通之处。

今人钱锺书所著《管锥编》，内中"观"字条专论神道设教，旁征博引，论证颇详。钱氏以为《象》所谓"圣人以神道设教，而天下服矣"乃是古人政理之要言，进而分别其功用为二。魏禧《魏叔子文集》卷一《地狱论》云："刑赏穷而作《春秋》，笔削穷而说地狱。"魏源《古微堂集》内集卷一《学篇》云："鬼神之说有益于人心，阴辅王教者甚大；王法显诛所不及者，惟阴教足以儆之。"这是由治人者方面立言的。北宋华镇《云溪居士集》卷一六《蠹论》之三："使世之刑诛，如报应之说无僭滥而不可侥幸，则小人知畏而无待于报应矣。"文廷式《纯常子枝语》卷二三："陆象山《语录》云：'临安四圣观，六月间倾城，士女咸往祷祀。或问：何以致人归向如此？答曰：只是赏罚不明。'余谓政治家当言赏罚，宗教家则言吉凶。赏罚明则行善者吉，作恶者凶，天下晓然，祈祷之事自息矣。"顾炎武《日知录》卷二："国乱无政，小民有情而不得申，有冤而不得理，于是不得不诉之于神，而诅盟之事起矣。……于是赏罚之柄，乃移之冥漠之中，而蚩蚩之氓，其畏王鈇，不如其畏鬼责矣。乃世之君子，犹有所取焉，以辅王政之穷。今日所传地狱之说、感应之书，皆苗民诅盟之余习也。……王政行乎上，而人自不复有求于神，故曰：'有道之世，其鬼不神。'"这些则是由治于人的方面来说的。治人者有如此的主观愿望，治于人者有这样的客观需求，两方面相合，便有了神道设教这件事情。钱氏云："神道设教，乃秉政者以民间原有信忌之或足以佐其为治也，因而损益依傍，俗成约定，俾用之倘有效者，而言之差成理，所谓'文之也'。若遽断鬼神迂怪之谈胥一二'圣人'之虚构，祭祀苛曲之统金一二'君子'所首创，则意过于通，又十八世纪之陈言尔。"这种说法当去事实不远。甚至我们可以进一步说，秉政者也是生活在同一种信仰体系之中的"教民"。

对天地的信仰和对神明的敬畏，确实不只是民间的流行物。就说上面引的那篇明代的祭文，我们可以视之为古人信仰的某种表露，却不可看成一小批无神论者的计谋。事实上，相信神灵、果报、阴谴等，是古人精神世界和世俗生活中至为普遍的现象，其事例广泛见于各种史籍和文学作品。在这种背景之下，我们看到历史上许多关于以梦占、神示等方法断决疑案、捕获罪犯的记载，便不应当觉得奇怪了。

赏罚分明、公正无隐的理想是普遍的，而它不能彻底实现又是必然的。古今的不同，恐怕主要不在于正义得以实现的程度，而在于正义的内容本身以及实现正义的手段。现代人以各种方式来补偿法律在主持正义时的不足，但是绝少宣讲报应的宗教。上古之人笃信神明，竟至以神明裁判为断决疑案最基本的办法。古代中国似乎在此二者之间。一方面，朴素的理性和对人事的关注几乎一开始就占取了支配的地位；另一方面，它并不排斥民众对于天地鬼神的信仰，反而对神明的不可欺和冥冥中的公理有着真诚的信念。于是就有了

《明会典》里记录的那种祭文。瞿同祖先生评曰:"祭文中所举的罪或善行,可以说皆是世俗的、法律的,而非宗教的,所侧重的制裁也是法律的,而非宗教的。官府所期望的是罪状的揭发,制裁的部份仍由法律机构来执行,只有在未发露的情形之下才请求鬼神予以阴谴。可以说法律制裁是主体,宗教制裁则居于辅助的地位。"[1] 中国历史上的神道设教,大抵如此。

最后对于"圣人以神道设教,而天下服矣"那句话,我们也许应当这样来理解:圣人并不曾发明或者制造出迷魂药一类东西,他不过是用合宜的方式表达了他那个时代的真理罢了。

---

[1] 瞿同祖:《中国法律与中国社会》,第201页。

中国历史上的刑、法、律

中国古代法源于何时,这个问题不容易作出确定的回答。《管子·任法》云:"故黄帝之治也,置法而不变,使民安其法者也。"这里讲的是传说中最早的法,所谓"黄帝李法"。此外又有"皋陶造法律"之说,其说虽然较"黄帝李法"更见具体,毕竟还未得到考古发掘的证明,只能存而不论。

有古代文献记载,又有考古材料依据的已知最早的法,大概是夏的法制。如果从这时算起,中国古代法的历史便足足有四千年了。这里须要说明,所谓有四千年历史的法,是指一种特殊的社会现象。我们可以由人类学角度界定这种现象,称之为社会暴力的有组织运用,亦可以从社会学立场出发,把它看成社会控制的某种专门形式,但不管怎样,我们总是把它作为一种单一的东西来把握的。这与古代文献中法的一义多字现象形成鲜明的对照。当然这并不意味着今人与古人看法殊异,毋宁说,它表明了同一事物内部存在着的不同方面，具体说是表明了事物自身性质的单一与它在文化符号上种种表现的差异。这正是值得我们注意的地方。

古文献中用以指称法律现象的字词颇多。它们之间联系与衍生的关系虽然远不能说已尽脱晦暗之境，却也不乏踪迹可寻。这些踪迹一方面反映着古汉字演变的规律，一方面反映着中国人的早期历史经验，以及这些经验随社会变迁所起的变化，因而极值得注意。

《唐律疏议》简述法律的沿革曰：

> 昔者，三王始用肉刑。……《尚书大传》曰："夏刑三千条。"《周礼》"司刑掌五刑"，其属二千五百。穆王度时制法，五刑之属三千。周衰刑重，战国异制，魏文侯师于李悝，集诸国刑典，造《法经》六篇：一、盗法；二、贼法；三、囚法；四、捕法；五、杂法；六、具法。商鞅传授，改法为律。

这里以"刑"、"法"、"律"三字分述的法律史上三个重要时期——三代、战国和秦，正可以作我们叙述的线索。

三代时期的法律名目繁多，有禹刑、禹井、汤刑、殷罚、吕刑、刑书九篇、九刑、五刑等等，这些虽然是对于不同时期、国度法律的指称，究其性质却都可说是"刑"。而"刑"的含义，在当时与现在是不同的。古时"刑"与"罚"同义，专指今所谓死刑、肉刑。《吕览》所言"隳人之城郭，刑人之父子也"即此。《集韵·阳韵》:"创,或作刑。""刑人杀人"等语即是借"刑"为"创"的用法。这实际反映了先民对于刑罚与战争不加区分的特殊观念。

> 《天文志》:左角李,右角将。孟康曰:"兵书之法也。"师古曰:"李者,法官之号也,总主征伐刑戮之事也,故称其书曰《李法》。"[1]

这段对"黄帝李法"的解说以"征伐刑戮"并提,殆非偶然。《国语·鲁语》臧文仲曰:"大刑用甲兵,其次用斧钺,中刑用刀锯,其次用钻笮,薄刑用鞭扑,以威民也。故大者陈之原野,小者致之市朝。"更是将兵与刑视为一物,只大与小不同而已。《商君书·画策》谓"内行刀锯,外用甲兵",则是以内、外区别之。诚如钱锺书先生所言,"兵与刑乃一事之内外异用,其为暴力则同……兵之与刑,二而一也"[2],这是其特征上的相同。兵与刑同出于王者,实为王者所专有,这是其渊源上的一致。攻城略地可能只是为了获取财富,然而军事征服往往还有镇压抗命者,使其驯服、从命的意思,由这一点来看,以暴烈之手段,扬王者之威权,使令行禁止,又是兵与刑功能上的同一。

---

[1] 沈家本:《历代刑法考·律令一》。
[2] 钱锺书:《管锥编》第一册,第285页。

> 王曰:"告尔殷多士,今予惟不尔杀,予惟时命有申。今朕作大邑于兹洛,予惟四方罔攸宾,亦惟尔多士攸服奔走,臣我多逊。尔乃尚有尔土,尔乃尚宁干止。尔克敬,天惟畀矜尔。尔不克敬,尔不啻不有尔土,予亦致天之罚于尔躬。"[1]

三代的法,以及时人对法的看法,大致就是如此。

第二种意义上的"刑",可以说是刑罚的泛称。《尚书·大禹谟》中"刑期于无刑"的"刑"便是用此意。这层意思是在前一义上的引申与扩大,与后人说的"法"较为接近。此外据蔡枢衡先生考证,"刑"还有简册的意思。《礼记·王制》:"刑者,侀也;侀者,成也。"这个"成"被认为是"箴"的省笔,与《周礼·秋官·大司寇》中"邦成"之"成"同,皆表示简册。小篆以"荆"字表刑罚,以"刑"字表简册。《说文》云:"荆,罚罪也","法,刑也"即此。后只因"荆"字与"刭"字相通,致失本意。楷书则一概作"刑"。以后"刑"既指刑罚,又指刑书,便是由这里来的。[2] 这种说法值得我们认真考虑。《韩非子·难三》"法者,编著之图籍"云云,讲的是成法,也是战国时人们所习见的法。我们似可由简册与图籍的联系来看从刑到法的运动之一面。《尔雅·释诂》"刑,法也",《说文》"法,刑也",首先可以

---

[1] 《尚书·多士》。
[2] 参见蔡枢衡《中国刑法史》,第101—102页。

在这一层意义上理解。法律由不成文发展到成文，自然引起表述上相应的变化，被理解为刑书的法因此取代了刑而流行于世。当然这还不是充分的理由。法之取代刑，除了因为"法，刑也"之外，更因为有着"法，非刑也"的一面。

《尔雅·释诂》："法，常也。"《管子·法法》："不法法则事毋常。"又《正第》："当故不改曰法。"这里，法是度量行为的尺度，与含杀戮之意的刑的意思显然不同。《周礼·秋官·司刑》注"夏刑大辟二百，膑辟三百，宫辟五百，劓墨各千"，《尚书·吕刑》亦云"五刑之属三千"，都是以刑统罪的体系。战国时的情形便不同了。李悝所撰之《法经》，头两篇（《盗》《贼》）便是概括性的罪名，刑罚的名目则放在具法之中。这里，以刑为纲领的体系已经转变为以罪为纲领的体系，前者按照刑名分类，后者依据罪名分类，两者完全不同。大概这就是《唐律疏议》所谓"战国异制"的含义之一。这个转变可以表明中国古代法发展中的一个飞跃，表明古人造法技术上的一大进步。战国以后，"法"字使用的频率很高，相关的讨论也不断深入，不仅出现了上面提到的《法经》，而且产生了名之为法家的思想派别，究其缘由，都与上述变化有关。

据史载，商鞅受《法经》以相秦，改法为律。这件事令人费解。既已称法，何必改律？况且，律与法含义极为切近。《尔雅·释诂》："律，常也，法也。"《尔雅·释言》："律，述也。"郝氏《义疏》："古文'述'皆作'术'。按术，《韩诗》云'法也',法与律其义又同矣。律者,《释诂》云'常也,法也'。奉为常法,即述之义,故又训述。"又《尔雅·释言》:"坎、律,铨也。"注:"《易·坎卦》主法,法律皆所以铨量轻重。"显然,法、律同类。即便在社会功能方面亦是如此。《释名》:"律,累也,累人心使不放肆也。"《管子·正》:"曰法……法以遏之……遏之以绝其志意,毋使民幸。"尽管如此,改法为律是一个事实,我们必须为这一变化提供一个解答。

杜预《律序》云:"律以正罪名,令以存事制。"《唐六典》亦云:"凡律以正刑定罪,令以设范立制,格以禁违止邪,式以轨物程式。"这里,"律"并非法律的泛称,而是众多法律形式中的一种。事实上,还在秦代就已出现了各种不同的法律形式。这些形式在渊源、效力、适用范围等方面不尽相同,有必要在名称上和编排形式上予以区分。商鞅的改法为律,可以说就是这样一种尝试。这种做法适应着一种比较复杂的社会和相对成熟的法律制度,满足了当时和后来社会的需求,因而获得成功,并且一直延续下去。这显然又是法律史上的一个进步。

与上述意义的"律"相比,"法"字的含义远没有那样专门、明确。这在"律"字大为流行之后,"法"字被使用的实际情形中便可以看出。

秦汉以后,"法"字常常被人在相距很远的层面上使用。在一种极富弹性的宽泛意义上,它可用来指治国方略或维系社会的纲纪，如人们常说的变法之法或礼法之法。同是一个"法"字，又可以在某些极其细微、具体的意义上使用。汉高祖刘邦入关，与百姓约法三章，所谓"杀人者死，伤人及盗抵罪"。这个法只有三条法令，是很具体的。有时，它甚至能用来指刑具，俗说"家法"即此。"法"字的这种用法很值得研究。

据蔡枢衡先生考证，"灋"字古音"废"，钟鼎文"灋"借为"废"。因此，"废"字的含义渐成"法"字的含义。《周礼·天官·大宰》注："废，犹遏也。"《尔雅·释言》："遏，止也"，"废，止也"。《战国策·齐策》注："止，禁也。"《国语·郑语》注："废，禁也。"法是以有禁止之义，"法禁"一词即可为证。又，"法"、"逼"双声，"逼"变为"法"。《释名·释典艺》："法，逼也。人莫不欲从其志，逼正使有所限也。"其中也含有禁的意思。《左传·襄公二年》注："逼，夺其权势。"《尔雅·释言》："逼，迫也。"这里强调的是强制服从，乃命令之义。可见，"法"字的含义一方面是禁止，另一方面是命令。那么，用什么手段来保证这类令行禁止的规则呢？"法"、"伐"古音相近，"法"借为"伐"。伐者攻也，击也。这里，"法"又有了刑罚的意思。《管子·心术》："杀戮禁诛谓之法。"《盐铁论·诏圣》："法者，刑罚也，所以禁强暴也。"说的都是这一层意思。这显然是早期刑的法律观在后人生活中留下的印记。

战国时期，围绕法的问题曾有过不少论辩，这些争论一直延续到汉代。值得注意的是，当时人们只热衷于任人还是任法的德刑之争，而对于法本身究竟是什么乃至应该是什么的重大问题几乎不置一词。子曰："道之以政，齐之以刑，民免而无耻；道之以德，齐之以礼，有耻且格。"[1] 以后儒者们就任法所表示的反对，皆不能超出这个范围。汉贤良文学谓："法能刑人而不能使人廉，能杀人而不能使人仁。"[2] 王符亦云："民亲爱则无相害伤之意，动思义则无奸邪之心。夫若此者，非法律之所使也，非威刑之所强也，此乃教化所致也。"在这些地方，遭到批评的只是一味任法的态度，而不是对法本身的看法。这一点也不奇怪。因为事实上，无论批评者还是被批评者，他们对于法律的看法并无不同。他们都同意法就是那能以刑杀使人从命的东西。这不啻是说，秦汉之际的法，比之三代的刑并没有本质上的改变。人心如此，制度亦如此。

表面上看，战国的立法运动轰轰烈烈，然而刑书、刑鼎乃至《法经》一类新法，同禹刑、汤刑、吕刑等相较，并不曾有根本的改变。《晋书·刑法志》：

> 悝撰次诸国法，著《法经》。以为王者之政，莫急于盗贼，故其律始于《盗》《贼》。盗贼须劾捕，故著《网》《捕》二篇。其轻狡、越城、博戏、借假不廉、淫侈、逾

---

[1] 《论语·为政》。
[2] 《盐铁论·申韩》。

制以为《杂律》一篇，又以《具律》具其加减。是故所著六篇而已，然皆罪名之制也。

首先是"王者之政"，其次"皆罪名之制"。时代不同，社会内容与表现形式亦有所不同，只是其渊源、功能、特征依然如故。法依旧是刑。

商鞅改法为律，开风气之先。此后的古代法，经秦汉大一统帝国的稳步发展，魏晋南北朝时期的取舍、融通，终于在隋唐时代达到其光辉的峰顶，推出一部可说是空前绝后的法典：《永徽律》。此律十二篇，其中《职制》《户婚》《厩库》《擅兴》诸篇，不见于《法经》。至于其编排之合理、内容之完备、技术之纯熟，更是《法经》所不及。然而，一部《永徽律》，五百零二条，"皆罪名之制"。要想于其中找到违制无刑罚的例子，难矣。当时人不是已明白说过，"凡律以正刑定罪"吗？律，法也，亦刑也。

宋、元、明、清诸朝法律，虽较唐律各有损益，实乃一脉相承，不曾有原则性的变动，因为一直到清代，大家对法律的看法还是那样。清康熙皇帝的圣谕中说"讲法律以儆顽愚"，那是人心——不拘当时还是古代，也不论治人者还是治于人者——的真实写照。难怪接受了西方民主思想的严复愤愤地写道："若夫督责书所谓法者，直刑而已，所以驱迫束缚其臣民，而国君则超乎法之上，可以意用法易法，而不为法所拘。夫如是，虽有法，亦适成专制而已矣。"[1] 《尔雅·释诂》："刑，法也"，"律，法也"。《说文》："法，刑也。"《唐律疏议·名例》："法，亦律也。"对于此种文字学上的训读，不是可以由人类学和社会学的透视中发掘出更富深意的解释吗？

总之，我国历史上"刑"、"法"、"律"这三字之间辗转互训的关系，自其变者观之，表现了古代社会生活的变迁、人们认知能力的提高；自其不变者观之，则表明了文明的承继与文化的传统。变化的是技术，是表层；不变的是特质，是深层。变化者乃文化之递进，不变者则是文化的界限。文化的特质与奥秘正可以从这变与不变、进步与界限的相互关系中去把握。

作者附记：

由 19 世纪至今，中国完全置身于世界历史的广阔图景之中，因此对于中国古代法的研究便不能不参照世界其他法律的发展。又由于特定的历史和现实的原因，首先提出的将是西方法律的问题，这一点却是本文未能正面讨论的。

西方法律文化中也有一种现象很值得注意，即从拉丁文一直到德、法、意、西等国文字，"法"字同时可以读作权

---

[1] 严复：《孟德斯鸠法意》"按语"。

利，并兼有正义、衡平等义。这与汉字中"刑"、"法"、"律"三字互训恰成鲜明对照。由这一种差异入手，我们可以发现中国古代与西方两种法律截然不同的性格，而这对于中西各自的历史发展以及文明总体之性格的形成有着重大关联。有兴趣的读者可以参阅拙文《"法"辨》（《中国社会科学》1986年第4期；收入《法辨：法律文化论集》，桂林：广西师范大学出版社，2020）。

"礼入于法"

《四库全书提要·唐律疏议》解云:"唐律一准乎礼,以为出入得古今之平,故宋世多采用之。元时断狱,亦每引为据。明洪武初,命儒臣同刑官进讲《唐律》,后命刘惟谦等详定《明律》,其篇目一准于唐。"由此看,在中国古代法中,"一准乎礼"原是一项传统。其实,这不但是唐以后历朝法律的特点,也可说是中国古代法的一大特色。

说"唐律一准乎礼",只道出一件事实、一个结果,历史上它还表现为一个过程。"礼入于法"主要用来讲这个过程。如此说似乎给人这样的印象:礼与法原是各自独立而又互不相干的两种东西,否则,怎么会"礼入于法"呢?要正确理解它的含义,首先要把握礼与法的独特性质。

据后人考证,礼源于古时祭神活动,最初主要指祭神的仪式,以后逐渐衍为行为规则,遍于社会的各个领域:成人之制有冠礼,婚姻之事有婚礼,亲疏远近则见丧葬礼。孔子云:"非礼勿视,非礼勿听,非礼勿言,非礼勿动。"不但表明当时礼的范围之广,而且表露出一种价值确认,亦即孔子所言"克己复礼"。

孔子要复的礼是周礼,这是没有疑问的。然而,周礼并不仅仅是日常生活中的琐细规定,更重要的,它同时还是治理国家的准则。周代行宗法制度,家与国不分。"家"礼亦即"国"之法,逾越礼制便是对国家政治秩序的破坏。在当时,这原是一而二,二而一的事情。司马迁曰:"孔子之时,周室微而礼乐废。"[1] 可见二者命运与共。

孔子要复这样的"礼"自然是不成了。但他把以往的历史经验系统化、哲学化,成功地继承和发扬了一个传统:不但把礼看成个人的行为准则,更视之为理想的社会秩序。礼因此带有某种终极意义的味道。在这个问题上,法家的主张与儒家理论相左。法家并不一般地否定礼,它所反对的,是把礼应用于政治领域,是与"礼治"联系在一起的"德治"。在它看来,礼的准则也好,道德教化也好,都是政治以外的事情,可以行之于家,不可推之于国。治理国家非有赏罚分明的强迫手段不可。这种强迫手段便是"法"(或说"刑",这两个字在中国古代可以互注)。从这里产生出最早的礼与法、德与刑的对立。当时,这种对立还有另一重含义。法家理想中有"一刑"的思想,所谓"刑过不避大臣,赏善不遗

---

[1] 《史记·孔子世家》。

匹夫"。这种"刑无等级"的理想虽然不能够真正付诸实践，对于儒者们奉而敬之的"礼"却已是大大的背叛了。因为，礼最鲜明的特性正在于"别异"。"礼者所以定亲疏，决嫌疑，别同异，明是非也。"[1] 在家里，礼所以正父子，定夫妇，序长幼。推之于社会，礼则要分君臣，明尊卑，别贵贱。这样一套差别性规范原是社会的稳定因素，但在春秋战国之际的大动荡时期，却显得有些不合时宜。如商鞅定异子之科，家有二男以上不分异者倍其赋，这本是富国强兵的重要措施，却与"父母在，不有私财"的礼相悖逆。其他如"一赏，一刑，一教"的主张也是如此。从历史上看，儒家的理论虽有更为深层的民族文化底蕴，却不及法家的种种措施来得有效。后者急功近利，更不把儒者的"迂腐"之谈放在眼里，这也加剧了二者的对立。其实，如果撇开上述各种时代因素，单就理论本身来看，儒法两种学说也并不是水火不能相容的。太史公论六家要旨云："法家严而少恩；然其正君臣上下之分，不可改矣。"又说，法家"若尊主卑臣，明分职不得相逾越，虽百家弗能改也"。[2] 可见法家骨子里也是要分高下贵贱的。只不过，它要的是一种新的等级秩序，而不能是周礼所代表的那套旧秩序。再者，礼与法同为行为规范，两者之间本无不可逾越的界限。更何况，礼本身也有"禁乱止恶"的功能。在这个意义上，礼与法并无根本的不同。管子云："人

---

[1] 《礼记》。
[2] 《史记·太史公自序》。

之心悍，故为之法。法出于礼，礼出于治。"着眼点正是礼、法皆可以止恶的一面。最后，古代所谓法与刑相通。《管子·心术》："杀戮禁诛谓之法。"《盐铁论·诏圣》："法者，刑罚也，所以禁强暴也。"这种法只是暴力工具，本身没有独立的品格。它既然可以变成法家手中执行君命的工具，何以不能成为儒家手里维护常礼的附庸？

孔、孟、荀之时，儒家学说并未得到充分重视，汉武帝"罢黜百家，独尊儒术"之后，儒学方始占据正宗地位，并对中国社会产生全面的影响。这个变化，可以视为古代政治理论及其实践逐步完善乃至成熟的过程。时过境迁，昔日礼与法、德与刑的尖锐对立已不复存在，问题不在于"任法"还是"任德"，而在于如何变法家之法为儒家之法，由此开始了后人所谓"儒法合流"、"礼入于法"的过程。自然，"合流"的法家绝非主张"一刑"的法家，而仅仅是喜谈"杀戮禁诛"的法家，结果礼与刑相结合：礼变为法。

礼与刑的结合当然有所偏重。《尚书·大禹谟》云："明于五刑，以弼五教。"这种以刑弼教的原则生生体现了中国古代法的真精神。《隋书·刑法志序》说："礼义以为纲纪，养化以为本，明刑以为助。"《宋史·刑法志序》云："《书》曰：'士制百姓于刑之中，以教祗德。'言刑以弼教，使之畏威远罪，导以之善尔。唐虞之治，固不能废刑也。惟礼以防之，有弗及，则刑以辅之而已。"一个是规范，一个是罚则；一个为目的，一个作手段——关系何等密切。古人说："夫礼者民之防，刑者礼之表，二者相须犹口与舌然。礼禁未萌之前，刑制已然之后。"（《唐律释文序》）又说："礼之所去，刑之所取，失礼则入刑，相为表里者也。"（《汉书·陈宠传》）"人必违于礼义，然后入于刑法。"（《大学衍义补》）这里的礼，确乎变成法了。"礼入于法"，当在这层意义上理解。

"礼入于法"是个漫长的过程，不同时期、阶段，其表现形式也不尽相同。先是儒者以法律章句注解现行法律，而把儒家精神贯彻于其中。如汉之叔孙宣、马融、郑玄等，据《晋书·刑法志》，他们的注解有相当部分具有法律效力。再有如董仲舒辈，在律文之外，直接以儒家经义作判案依据，史称"春秋决狱"。《后汉书·应劭传》云："胶东相董仲舒老病致仕，朝廷每有政议，数遣廷尉张汤亲至陋巷，问其得失。于是作《春秋决狱》二百三十二事，动以经对，言之详矣。"于此可见当时的风尚。

董仲舒之后，引经断狱之风依然很盛，甚至到了盛唐之世，还可见到这类事情。这很可以表明礼对于法的支配地位：违于礼的，亦必为法所禁止；法所惩戒的，当然也须是礼所不许的。总之，法须以礼为准绳，若有偏差乃至相互抵牾之处，皆应依礼处断。自然，这类冲突愈往后则愈少。因为礼的精神已在愈来愈多地渗入法律之中，而一步步法律化、制度化、条文化了。这里不妨略举数端以见其概貌。

魏以后，儒者参与修律，开始使律文本身合"礼"化、儒家化。此举对中国古代法律的发展影响深远。古代法许多重要的制度、原则正是这以后渐渐确立的。《周礼》有"八辟"之说，以示对权贵们法律上的优遇，魏时则以明文载入律条。晋律"峻礼教之防，准五服以制罪"，体现了儒家亲亲、尊尊的原则。依服制定罪的做法相沿至于清，率先规定在法律中的正是晋律。北魏法律有留养、官当之制，前者体现了儒家孝养尊亲的主张，后者则表明了优待官吏的原则。这两条对后世影响也很大。又，《周礼》列"不孝"为"乡八刑"之一，北齐则列"不孝"为"重罪十条"之一。后来的"十恶"即由"重罪十条"发展而来，"不孝"条仍列入其中。

历经魏晋南北朝各代发展，古代法律的内容越来越丰富、充实，终于蔚为大观，形成以唐律为代表的严整体系。唐律中，除"八议"、"官当"、"十恶"、"留养"、"依服制定罪"等原则外，还有许多条款源出于礼。正因为如此，才有《四库全书提要》关于"唐律一准乎礼"的说法。唐代以后，历朝法典都以唐律为蓝本，虽有所损益，却都是在一些具体问题方面，可以说无关宏旨。中国法制传统中，至少在汉魏以后，"明刑弼教"、"修刑以复礼"的原则一直被信守不渝。它不但是见于外的法律制度，而且是藏于内的民族信仰，是真正构成民族文化的重要特质之一。它对于中国古代法律乃至整个民族文化的影响实在不可以低估。

"礼入于法"，首先是混道德于法律。礼虽是包罗万象的行为规则体系，其核心却不过是君臣、父子、夫妇、兄弟、朋友所谓五常，它所强调的"君敬、臣忠、父慈、子孝、兄友、弟恭"一类信条，也只是建立在自然血亲联系之上的伦常规则。以之入法，不但令法律止恶，更使之劝善，把原本求之于内心的道德要求变成外在的强制性规范。这种道德的法律化对于我们民族道德意识的影响至深至远，它的许多后果至今犹存，值得认真看待。

"礼入于法"，同时又是变法律为道德。秦汉以后，古代成文法发展极为迅速，历代帝王无不重视法律的制定、修订，然而，数千年间，从未有人把法看成独立的范畴。明儒叶良佩云："夫刑法者，礼之辅也。礼者晅润而法者震曜，礼者身躯而法者手足，礼者主君而法者弼佐，彼此相须以为道，盖阙一不可焉者也。"这可以代表古代业已成熟的法律观。这样的法，依从于礼，以执行道德为己任，其实只是附加了刑罚的道德戒条，乃特定时代流行的道德观念的附庸。它本身没有独立地位，更不可能获得独立的发展，只能与古代纲常名教共命运。近代以来，有数千年历史传统的中国古代法在西学的冲击之下竟完全无立足之地，这种情形不能不令人感到惊异。原因固然可以找出许多，而最根本的，恐怕正是法律的道德化。

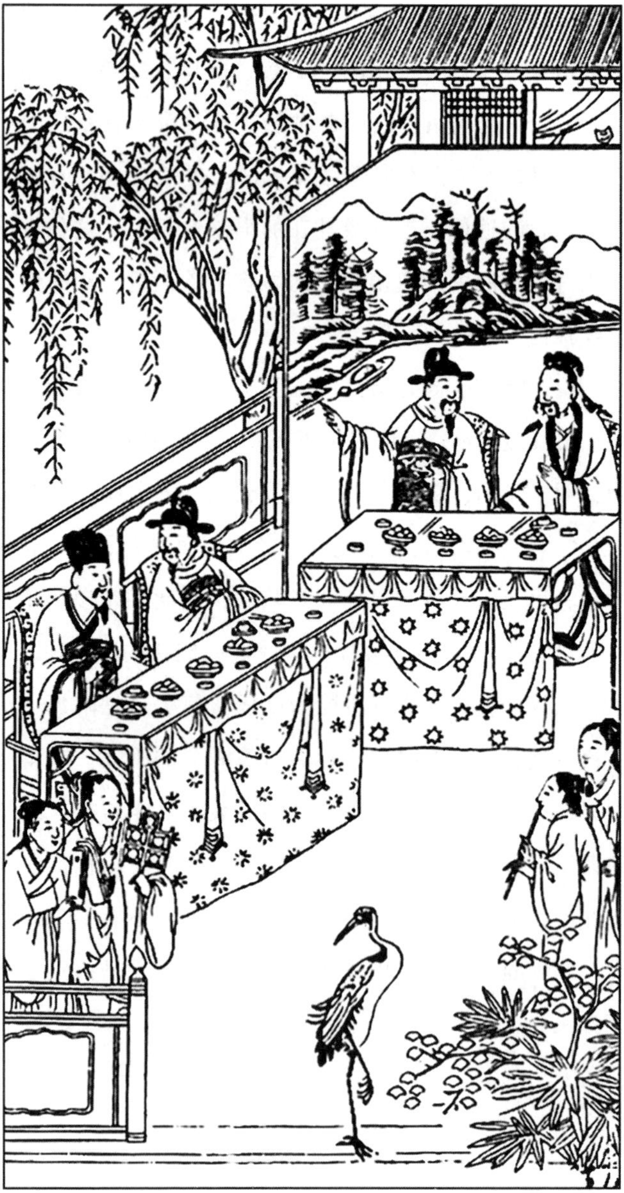

"复仇"情结

《孟子·尽心上》：

> 桃应问曰："舜为天子，皋陶为士，瞽瞍杀人，则如之何？"
> 孟子曰："执之而已矣。"
> "然则舜不禁与？"
> 曰："夫舜恶得而禁之？夫有所受之也。"
> "然则舜如之何？"
> 曰："舜视弃天下犹弃敝蹝也。窃负而逃，遵海滨而处，终身欣然，乐而忘天下。"

这段对话里面包含许多有趣的问题，我们只就其中一点谈开去。

传说中的瞽瞍不是一个有德行的人，现在假定他杀了人，想必不是出于何种正当的理由。但就是这样一个父亲，舜也甘愿以天下去换取，而没有丝毫的犹豫。能够把孝道贯彻到这样的程度，在孟子看来，正是舜之为圣人的地方。对于孟子的这种看法，大约古人都会表示赞同的。不过，孝道的原则既然如此要紧，我们自然想要知道，瞽瞍杀人案中那被害者的儿子（假定他是有儿子的）又当如何去尽孝道呢？或者他应手刃瞽瞍以报杀父之仇。虽然孟子在对话中只提到执法人而不及复仇者，我们对这一点却不可以忽略。事实上，孟子其时，复仇风习还相当盛行。孟子曰："吾今而后知杀人亲之重也：杀人之父，人亦杀其父；杀人之兄，人亦杀其兄。然则非自杀之也，一间耳。"[1] 是可以为证。所谓"窃负而逃"，同时也可以是逃避复仇者的追杀。

再假定被杀的不是别人而是瞽瞍，舜会仅仅满足于看到或只是被告知杀人者伏法吗？他不应当亲手杀死仇人，痛哭流涕地用仇人的血在父亲坟前祭奠吗？我们有理由推断，如果"窃负而逃"的事情是发生在另一个杀人者身上，舜依旧会"弃天下犹弃敝蹝"，不畏艰险，寻遍天涯海角，必手刃仇人而后快。这才与至孝的心性相称，也才合乎孟子的逻辑。中国历史里面的"复仇情结"，就以这样一种隐晦的方式提出来了。

现代人视杀人为犯罪，更习惯于国家对各种犯罪施行惩罚的独占。殊不知在初民社会里，杀人只是对特定个人或家族的伤害，并不被看成侵害社会的犯罪。如果这时有某种公

---

[1] 《孟子·尽心下》。

共机构可以介入，那也只是宣布一项判决。至于判决的执行，还要靠有关的个人或家族去完成。在国家组织尚未发达甚或根本不曾出现的那个阶段，社会是靠了"自救"原则才得以维持内部的平衡。这就是为什么复仇的观念与习惯普遍见于所有的古代民族。大抵说来，复仇是家族的法律，惩罚犯罪是国家的职能，而所谓文明的历史，就是以国法取代家法。这一段历史的背景，即是国家日益壮大，并且逐渐在社会的公共生活里，把家族的影响彻底清除干净。在这个过程开始时，先是有国法对复仇之事的认可和限制，然后出现了禁止复仇的法律，最后，只有国家才能够惩罚犯罪的观念深入人心，成为常识，复仇的风尚便完全地消失了。

古代中国社会大体上也经历了同样的过程，但是最终，它不但没有完全禁绝社会上的复仇风习，甚至它的法律本身还保有某种肯定而不是否定复仇之正当性的成分。这种矛盾的情形乃是文明史上最特别的一种现象，极耐人寻味。

关于中国历史上的复仇观念、习尚及相关之法律，瞿同祖先生在其《中国法律与中国社会》一书中设有专章，论之甚详。我们且据此综述几点于下：

一、中国历史上的复仇，大体如我们在其他古代民族中所见到的，也是建立在社会群体的血缘联系上面，即所谓"血属复仇"。只是中国古时最重"五伦"，"五伦"之中尤重父子，是以一方面，子报父仇的情节占据了复仇的中心位置，另一方面，朋友关系也被包括在复仇的范围之内。

二、根据史料的记载，禁止复仇的法律大约出现于纪元前后。在此以前，复仇之事只是受到法律的若干限制。《周礼》规定了报仇的法定程序，并设有专司避仇和解事宜的官吏。迟至东汉末年，复仇已为国家法律所禁止。由东汉而至于明清，除蒙古人统治的元朝为一特例外，法律的一般立场即是如此。这其中，魏晋南北朝的法律最严，其对于复仇的处罚重至族诛。明清则相对宽纵：祖父母、父母为人所杀，子孙痛忿激切，登时杀死凶手得免罪。

三、东汉以降，复仇之事屡禁屡有，不绝于史。而一般社会舆论对于复仇行为，竟然常常是同情乃至赞许的。在这种情形下面，人可以因复仇而名重于世，复仇的行为亦往往得到宽宥，只受较轻处分甚或完全被赦免。这样的例子无代无之，书不胜书。

四、《礼记》以复仇为正当，且依据人际关系的亲疏定下复仇责任的轻重。《公羊传》中有"父不受诛，子复仇可也"的说法。历代统治者辄摇摆于经义与法律之间。"礼开报仇之典，以申孝义之情；法断相杀之条，以表权时之制。……杀一罪人，未足弘宪；活一孝子，实广风德。"[1] 这是偏重于经义的说法。"国家设法，事在经久，盖以济人，期于止杀。各申为子之志，谁非徇孝之夫，展转相继，相杀何限。咎繇作士，法在必行；曾参杀人，亦不可恕。"[2] 这可以表明法律的

---

1 《南齐书·朱谦之传》。
2 《旧唐书·张琇传》。

立场。韩愈为之调和云:"不许复仇,则伤孝子之心,而乖先王之训;许复仇,则人将倚法专杀,无以禁止其端矣。……然则杀之与赦,不可一例。宜定其制曰:凡有复父仇者,事发,具其事申尚书省,尚书省集议奏闻。酌其宜而处之,则经律无失其指矣。"[1] 这是走中间道路的一种尝试。

五、从法律的立场来讲,杀人便应拟抵。复仇而得减免,原是法外施仁,为例外。可一般人,尤其读书人,却以例外为正,频加赞叹,反以例内为非,大加抨击,认为防阻教化,不足为训。这可以看出礼与律之冲突,法律与人情之冲突。而一切辩理上的困惑都由于不肯采取单一的立场。

瞿氏所言不差。但为何古人不愿意采取单一的立场,为何礼与律之间会有冲突且长久不能够决出胜负,也是我们不可以回避的问题。瞿氏曾提到法律与人情的冲突,而我们甚至可以在所谓人性里面去求复仇的动机。因为就是在今天,在一个有着健全的法制,而其文化背景也与古代中国迥异的社会里面,一个人仍然可能因为其亲爱者遭杀害而产生亲手杀死罪犯的冲动,尤其是在他认为罪犯没有受到应得惩罚的情况下。这种冲动可能也像孟子所谓"恻隐之心"一般普遍,只是在文明社会里面,它受了种种积极而有效的抑制,不容易显现和发展罢了。由此造成了"第二种人性",也就是一般所谓的"人情"。在古代中国社会,复仇的冲动一面受到法律的抑制,一面又受到一般社会道德的认可甚至赞许,因此也

---

1 《旧唐书·刑法志》。

具有文明的形态，变成了"第二种人性"。人情的不同，表明了文明与文化的差异。具体就"复仇"现象来说，问题的关键在于国家形态。

禁止私相报仇的法律源于国家的本性，复仇的法则却植根于血缘家族之中。中古以降，所有注重家族团结的社会，都或多或少保有复仇的风尚。法律屡禁而不能，只表明国家的力量尚不够强大，社会的发展亦不足以粉碎家族的纽带。现代社会中，国家职能空前扩张，正式家族亦因失去其经济、社会和政治的基础而归于崩解，复仇的习尚随之消失。这是一般的说法，也可以用来说明中国古今的变化，只是这种解释并不充分。因为中国古代的复仇情事，一般说也是由于家与国的对立，具体说却是因为家与国的纠缠与融合。

家与国的合一原是中国文化中最久远的传统之一，家族在社会中的重要性自不待言。即使秦汉以还，新型的官僚帝国日臻完备，治家与治国依然在原则上可以相通。甚至，国与家共有同一种伦理基础，乃至有帝王标榜以孝治天下。从理论上说，礼与法并非矛盾之物。礼是一部"圣典"，是古代社会伦理价值的总汇，古代法律实建立其上。所谓律以礼为准，这是毫不含糊地体现在立法的精神和司法的实践当中的。然而国与家毕竟为二事。事不同则理相异。所以，一方面，君、父并举，推孝而至于忠，另一方面，忠、孝往往不能两全。有关复仇的辩理上的困惑也是由此中来。历史上多有报仇之后诣县自首的例子，这在复仇者，既报私仇在前，又明公法于后，可谓忠孝两全了。在国家则不然。杀之则有伤孝义，活之则亏于国法。既不愿破坏立国的道德基础，又不能悖于国之本性而开相杀之路，真正是进退两难。这里，冲突不是外部的，而是内在的和与生俱来的，所以也是无法祛除的。

孟子以为舜能够行大孝，所以有做天子的资格。他是把血缘亲情视为政治组织的伦理学基础了。中国古代法律，恰好贯彻了同一种精神。历代法律中惩罚不孝的规定不可胜数，我们只提一条：依唐、宋律，祖父母、父母被人杀死，子孙私自和解者，流二千里，期亲以下尊长服制渐远，私和者罪亦递减。明、清律之规定亦本同一种原则。此外，历代法律对于受财私和者处罚尤重，以其贪利忘仇故也。法律之精神如此，则禁绝复仇的主张，在立法上不能够贯彻到底，在实际上更不可能有效落实，也就不足为怪了。

两千年来，原则上禁止复仇的法律虽然已经确立，民间复仇之风却从没有止歇，士大夫有关复仇的是非之争也不曾停止。[1] 想要调和家与国、礼与法之间冲突的努力，终于未能奏效。复仇之事，俨然成为中国古代法律与文化的一种"情结"。关于这一点，孟子当年大约是不能够想象到的罢。

---

[1] 这类事一直延续到民国时期，杨维骞兄弟、施剑翘的遇赦为其著例。

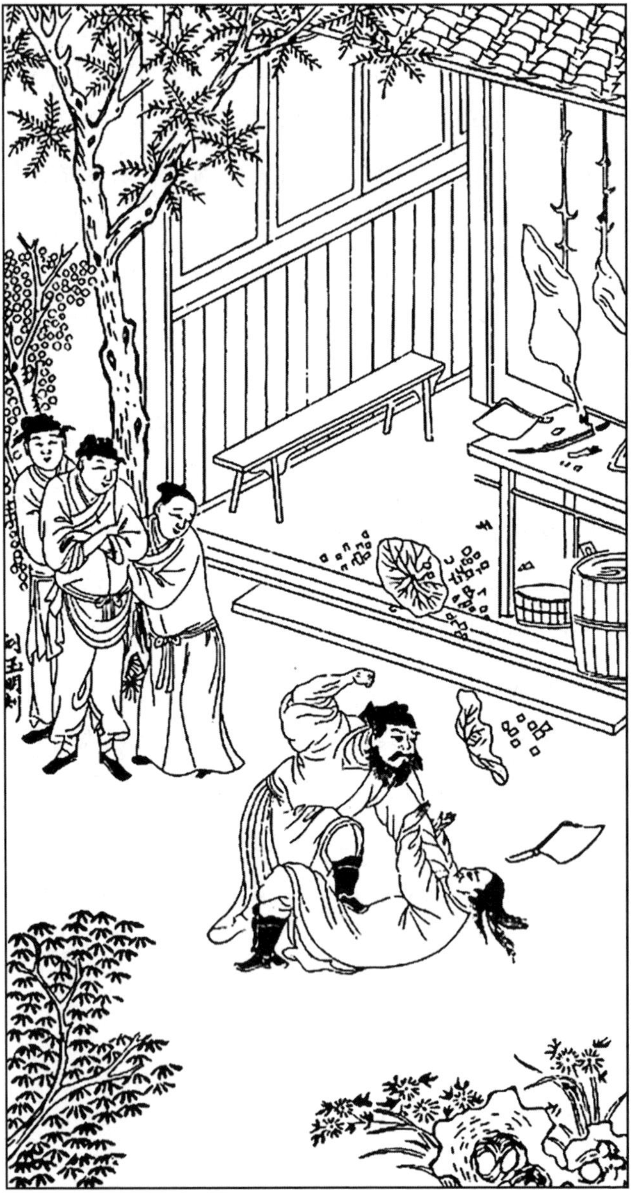

国　家

但凡是创造，必得有材料。语词的创造亦不能例外，其路径乃是推陈出新。

旧语词与旧人旧事相符合，新语词与新人新事相适应，二者却不是没有相干。新语词以旧材料作基础，自然留了旧的痕迹在身上。只是年代既久，旧义湮灭，今人于古义茫然无知，对现实中的历史不复敏感了。就说"国家"一词吧，今人的生活与国家有着密切关联，然而汉语中的"国家"，在某种意义上却是自相矛盾的呢。

在现代社会里面，且依现代人的观念，国是国，家是家，一个是有着特定地域和文化含义的政治实体，一个是通过婚姻、生育结合而成的血缘团体。二者界限分明，不容混淆。然何时"国"与"家"合而于一，变作了"国家"呢？这是汉语中的特殊现象，与汉语言的发展有关，也与汉民族的历史有关，其中的奥妙，不可以不察。

周之时，或者更早，诸侯称国，大夫称家，国之于家，只有尊卑、高下、大小的不同，其组织的性质与原则，却是完全一样。古人以"国家"二字联用，或者指诸侯国，如《韩非子·爱臣》"社稷将危，国家偏威"；或者指"天下"，如《尚书·立政》"其惟吉士，用劢相我国家"。彼之国家，国耶？家耶？实在不是三言两语可以说得清楚。

古时行封建宗法之制，"天子诸侯间之关系，实多宗族之关系。天子之抚诸侯，宗子之收恤其族人也。诸侯之尊天子，族人之祗事其宗子也。讲信修睦，同族之相亲也。兴灭继绝，同族不相弃也。盖一族之人，聚居一处，久则不足以容，势不得不分殖于外，此封建之所由兴。而分殖于外者，仍不可不思所以联结之，此宗法之所由立。传曰：'有分土，无分民。'有分土，则封建之谓。无分民者，同出一始祖之后者，无不当受治于大宗之宗子也。……封建之行也，得一地，则分同族之人处之，同族之人多，则又辟新地，灭人国以处之。所分出之同族，又复如是，如干生枝，枝又生叶，而其一族之人，遂遍布于天下"[1]。此种政治的组织，有亲族的特征；此种宗族的团体，有政治的功用。血缘的团体与政治的组织，实即一而二，二而一。国、家本是一物，如何能够分得开来？

秦汉以降，郡县制行于天下，封建宗法之制让位于官僚制帝国，此家与国关系上的一大变化也。

---

[1] 吕思勉：《中国制度史》，第373—374页。

传统的社会里，家族为基本单位，其社会功用，在生育之外，又有经济的、行政的、教育的，乃至司法的，等等。这样的社会单位，不但构成了官绅共治的基础，而且为全社会提供了价值的源泉。古人视国政为家政的扩大，以道德为治国的根本。其中，孝亲成为价值的核心。因此之故，古者，天子以黎民为子民，百姓视官吏为父母。国家与社会，被看作一个大的家庭。《大学》的名句"修身齐家治国平天下"不尽是比喻，也是真实的政治哲学与道德哲学。

三代时候的家与国，是在现实的形态上合一；秦汉以后的家与国，是在理论的形态上合一。由此形成了特殊的社会形态、观念形态和语言现象，这一层，怕是现代人在语词的日常应用之中不易觉察的吧。

古今语词，形同而义异，这是再普遍不过的语言现象。研究这种现象的，为语义学、语源学。此外还有一种学问，它是借了语义学、语源学，着眼于语词当中包含着的历史意蕴，追根溯源，去破译语词的"文化密码"，比如由汉语中"国家"这个词的特殊现象，去探寻中国古代国家的特殊发展路径，了解与之相关的政治、经济、宗教、道德和社会格局，进而了解到此一文化的秘密。

语词虽小，却是重要的历史现象和文化现象，是我们窥视过去的一面窗口。这样一门学问，无以名之，姑且叫作"文化语源学"吧。

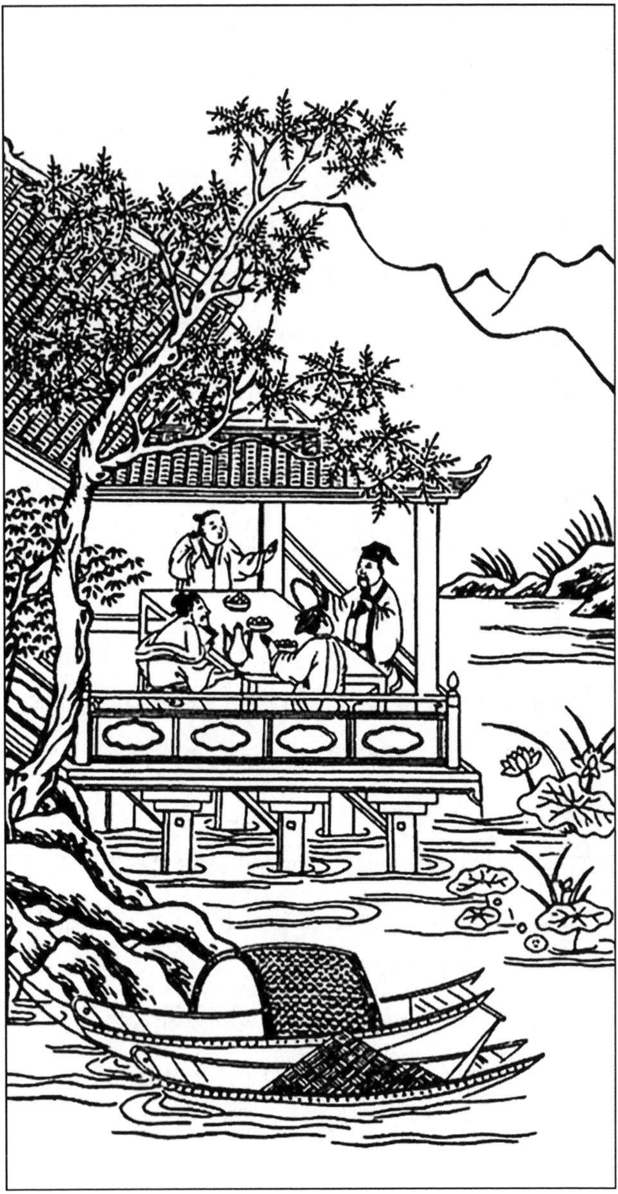

成 文 法

人类法律之由口耳相传的习惯进到文字记录的形式，大抵取决于两种情形：一是文字的发明与应用发展到可以用来记录法律，而且使得成文的法律能够发生应有效力的程度；二是特定之社会在一定时期内的变化提供了成文法产生的契机。只是这些情形大都发生在离开蒙昧不远的上古，要了解其真实过程远非易事。因此，猜测臆断之辞也就在所难免了。

我国法律的成文法渊源甚早。大约西周时，成文法便已颇具规模了。《周礼·秋官》云："布宪掌宪邦之刑禁，正月之吉，执旌节以宣布于四方，而宪邦之刑禁。"又："正岁，帅其属而观刑象，令以木铎曰：'不用法者，国有常刑。'令群士乃宣布于四方，宪刑禁。……士师之职，掌国之五禁之法，以左右刑罚。……皆以木铎徇之于朝，书而县于门闾。"这是关于中国古代成文法的最早记载之一。吕思勉先生谓："象之始当为刑象，盖画刑人之状，以怖其民，《尧典》所谓

'象以典刑'也。其后律法寖繁，文字之用亦广，则变而悬律文，《周官》所谓治象、教象、政象、刑象也。"[1] 此虽推测之辞，却是大体上可以接受的。

又有一种更加流行的看法，认为中国之有成文法，始于战国，而以魏李悝的《法经》为代表。其根据大抵有二："成文法"之出现在当时曾受到激烈反对，"昔先王议事以制，不为刑辟"一句尤其可以说明争论的性质，此其一；考诸古代历史，成文法常为阶级对抗之产物，中国古时成文法的发生亦是如此，此其二。然揆诸史实，这两条根据率皆难以成立。

清人沈家本云："月吉县象与议事以制，实两不相妨且两相成也。"因为其一，"夫象魏之上，六象同县，其所著于象者亦举其大者要者而已，细微节目，不能备载也。……其中情之同异、罪之轻重细微节目，仍在临时之拟议，其权上操之而民不得而争也"；其二，"其变通之制，自上议之，下不得而闻"，又云："若铸之于器，则一成而不可易，故民可弃礼征书，争及锥刀。若欲变法，必先毁器，岂不难哉？"[2] 这个说法是比较切实的。其实，"昔先王议事以制，不为刑辟"之下，还有一段话说得明白："夏有乱政而作《禹刑》，商有乱政而作《汤刑》，周有乱政而作《九刑》，三辟之兴，皆叔世也。今吾子相郑国，作封洫，立谤政，制参辟，铸刑书，将以靖民，不亦难乎？"叔向、孔子所攻击者，非成文之

---

[1] 吕思勉：《吕思勉读史札记》，第335页。
[2] 沈家本：《历代刑法考·律令一》。

法律，而是铸刑书的具体举动。此当无疑义。

与上面这一点有关的，便是"铸刑书"的社会背景。战国时候的"铸刑书"运动，表明了旧有社会格局的瓦解，乃是"乱臣贼子"们权力合法化的一个标志，是新的大一统帝国取代旧的封建宗法制度的重要一步。然而，这毕竟不是"成文法"得以出现的历史原因。

总之，从现有历史文献可以看出，中国的成文法大约在西周就出现了，虽然还要有更为广泛和有力的历史材料来佐证。

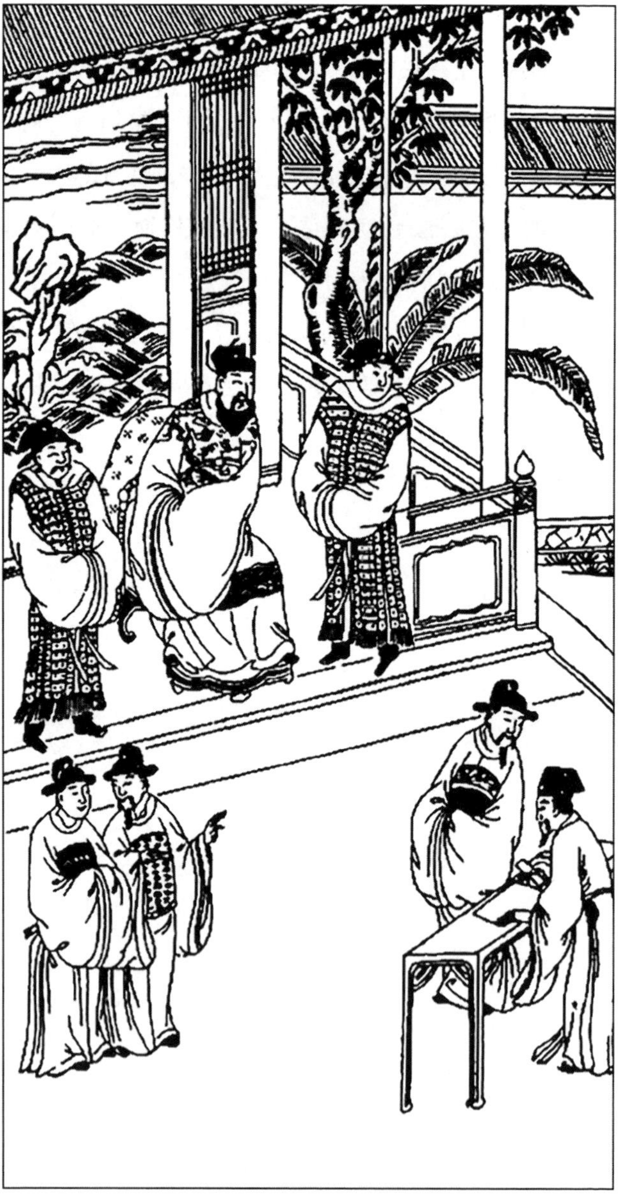

天下为公

据《论语》,"子罕言利"。孔子云:"君子喻于义,小人喻于利。"[1] 孟子云:"王何必曰利?亦有仁义而已矣!"[2] 然墨家以利为义,倡言"国家百姓人民之利"[3],其与儒家的对立,意义只在字句之间。汉儒董仲舒谓"圣人之为天下兴利也,其犹春气之生草也,……其为天下除害也,若川渎之写于海也……"[4] 此可以为证。这是异中之同的一种。

老庄不言义、利,而讲"绝圣弃智"、"绝仁弃义"、"绝巧弃利"[5];法家重功利,唯不言私利,韩非子作《八说》,尽数私欲之祸,此又一种异中之同。宋人程颐谓"义与利,只是个公与私也"[6]。倘以此作分界,则儒、法、道、墨,哪一

---

1 《论语·里仁》。
2 《孟子·梁惠王上》。
3 《墨子·非命上》。
4 董仲舒:《春秋繁露·考功名》。
5 《老子》十九章。
6 程颐:《语录》十七。

家非贵义而去利者？为公去私，此正所谓诸子百虑而一致，殊途而同归之所在。

宋明理学以理欲之别代义利之辨，专讲"存天理，灭人欲"的大道理，遂招致新的反动。李觏云："利可言乎？曰：人非利不生，曷为不可言？欲可言乎？曰：欲者人之情，曷为不可言？言而不以礼，是贪与淫，罪矣。不贪不淫而曰不可言，无乃贼人之生，反人之情，世俗之不喜儒以此。"[1] 这番议论用来反对陋儒、腐儒是有力的，比之健全之儒，却无大不同，此以"言而不以礼，是贪与淫"一语可知。又与朱子同时的叶适曾说："'仁人正谊不谋利，明道不计功'，此语初看极好，细看全疏阔。古人以利与人而不自居其功，故道义光明。后世儒者行仲舒之论，既无功利，则道义者乃无用之虚语尔。"[2] 这也是健全的儒学之论，其所反对者，自私自利耳。这一点，在清代反对理学的大儒戴震那里讲得尤其透辟，戴氏云："圣贤之道，无私而非无欲；老、庄、释氏，无欲而非无私；彼以无欲成其自私者也；此以无私通天下之情，遂天下之欲者也。"[3] 《礼记·礼运》所谓"大道之行也，天下为公"，此岂是儒学一派之所附系？

1　李觏：《李觏集·原文》。
2　叶适：《习学记言》卷二十三。
3　戴震：《孟子字义疏证》。

商　贱

《汉书·食货志》开篇曰："《洪范》八政，一曰食，二曰货。食谓农殖嘉谷可食之物，货谓布帛可衣，及金刀龟贝，所以分财布利通有无者也。二者，生民之本，兴自神农之世。"话虽如此，从事此两种活动之人——农人与商贾，其社会价值的意义却大不相同。

《周礼·地官·司市》："国君过市，则刑人赦；夫人过市，罚一幕；世子过市，罚一帟；命夫过市，罚一盖；命妇过市，罚一帷。"商贱之故也。

商鞅新法云："僇力本业，耕织致粟帛多者复其身。事末利及怠而贫者，举以为收孥。"[1] 此贱商之举也。

汉初，"高祖乃令贾人不得衣丝乘车，重租税以困辱之"。孝惠、高后时，虽弛商贾之律，"然市井之子孙亦不得仕宦

1　《史记·商君列传》。

为吏"[1]。

武帝天汉四年，发天下七科谪以击匈奴。七科谪者，张晏曰："吏有罪一，亡命二，赘婿三，贾人四，故有市籍五，父母市籍六，大父母有市籍七。"商贾居其四焉。[2] 汉乐府诗云："孤儿生，孤儿遇生，命当独苦。父母在时，乘坚车，驾驷马。父母已去，兄嫂令我行贾。南到九江，东到齐与鲁。"[3] 其时社会心态，于此可见一斑。

唐乾封三年，下敕严禁工商乘马，太和六年又有诏令禁断。[4]

明洪武十四年，上下令农民之家许穿细纱绢布，商贾之家只许穿布；农民之家但有一人为商贾者，亦不许穿细纱。[5] 明末《士商要览》有条下注云："官无大小，皆受朝廷一命，权可制人，不可因其秩卑，放肆侮慢。苟或触犯，虽不能荣人，亦足以辱人，皆受其叱挞，又将何以洗耻哉！凡见官长，须起立引避，盖尝为卑为降，实吾民之职分也。"这是商民对于其职分的自觉。

商贾之贱，在其逐利。古仁人非不言利，唯不言私利。《史记·货殖列传》云："天下熙熙，皆为利来，天下攘攘，皆为利往。"这虽是描述之语，却遭到班氏父子批评，以其

---

1 《史记·平准书》。
2 吕思勉：《中国制度史》，第90页。
3 《孤儿行》。
4 《唐会要舆服上·杂录》。
5 徐光启：《农政全书》。

"崇势利而羞贱贫"[1],"轻仁义而羞贫穷"[2] 耳。

清人高士奇《天禄识余》卷一云:"贡禹论赎罪之弊云:'孝文时,贵廉洁,贱贪污,贾人、赘婿及吏坐赃皆禁锢不得为吏。'夫赘婿为贫不得已耳,何至遂与贾人、赃吏同?汉人之轻赘婿如此,伤哉贫也。"[3] 高氏伤贫不已,却不为贾人命运所动。赃吏乃贪利之徒,遂与贾人等同视之。这里的价值依据,清人唐甄说得清楚:"民之为道,士为贵,农次之,惟贾为下。贾为下者,为其为利也。是故君子不问货币,不问赢绌。"[4]

由此造成的古代价值世界与社会格局,对当时之社会制度及其发展均产生了重要的影响。关于这一点,吾人不可以不察。

---

1 《汉书·司马迁传》。
2 《后汉书·班彪传》。
3 转引自钱锺书《管锥编》第三册,第898页。
4 唐甄:《潜书》上篇下《食难》。

公 法

有日本学者论中国古代之法律云:"上下四千载,法典数百种,无虑皆公法典之属,而私法典乃无一焉。"[1] 此处"公法"、"私法"之谓,取自西域法学,非我传统法制所有。

将法律作"公法"与"私法"之区分,始于古罗马法学家乌尔比安,而为当时罗马人普遍地接受,以国家与其人民之关系和公民私人间之关系不同故也。前一类关系为上下的、强制的,后一类关系为平等的、合意的,当适用不同的原则,因此有公法与私法之别。

考中国古代文献,无"私法"之谓,有"公法"之名,然其意与西人所谓"公法"者似大异其趣。

韩非子作《诡使》《五蠹》《八经》《八说》《问辩》《有度》诸篇,屡以"法"与"私"对举,其所谓法者,正是以去私为其特征的。韩非子云:"夫立法令者以废私也,法令行

---

[1] 转见杨鸿烈《中国法律发达史》上册。

而私道废矣。私者,所以乱法也。……故《本言》曰:'所以治者,法也;所以乱者,私也。法立,则莫得为私矣。'故曰:道私者乱,道法者治。上无其道,则智者有私词,贤者有私意。上有私惠,下有私欲。"[1] 然而何者谓之私?韩非子曰:"自环者谓之私,背私谓之公。"[2] "法"即是"公",法亦"公法"。所谓"官府有法,民以私行矫之"[3],"废法而行私重,轻公法矣"[4],皆是以法("公法"、"官府之法")对私。公法者,法之谓也。在此种意义上讲,私法之谓,本身即是一种自相矛盾。

吾人之"公法",与夫罗马人之"公法",岂可以等同视之?

---

1 《韩非子·诡使》。
2 《韩非子·五蠹》。
3 《韩非子·问辩》。
4 《韩非子·有度》。

"法"中之"儒"

历史学家陈寅恪先生曾说:"李斯受荀卿之学,佐成秦治。秦之法制实儒家一派学说之所附系。《中庸》之'车同轨,书同文,行同伦'(即太史公所谓:'至始皇乃能并冠带之伦'之伦)为儒家理想之制度,而于秦始皇之身而得以实现之也。汉承秦业,其官制法律亦袭用前朝。"[1] 瞿同祖先生则以为,"秦、汉之法律为法家所拟订,纯本于法家精神"。又云,"秦、汉法律为法家系统,不包含儒家礼的成分在内"。[2] 瞿说似嫌绝对,陈说更属大胆,孰是孰非,不妨先看几条史料。

太史公论六家要旨,说:"法家严而少恩;然其正君臣上下之分,不可改矣。"[3] 始皇帝立石颂秦德,其中讲"贵贱分明,男女礼顺","尊卑贵贱,不逾行次",这与儒家的"别

---

[1] 陈寅恪:《冯友兰中国哲学史下册审查报告》,《金明馆丛稿二编》。
[2] 瞿同祖:《中国法律与中国社会》,第329、345页。
[3] 《史记·太史公自序》。

异"虽不尽同，却也不无相通之处，更不必说"上农除末，黔首是富"、"节事以时，诸产繁殖"一类措施或功业了。[1]

上面是汉人的说法，我们还可以看秦人自己的文献。

> 免老告人以为不孝，谒杀，当三环之不？不当环，亟执勿失。

这一条材料，出自《睡虎地秦墓竹简》中《法律答问》一篇。它明白提出了"不孝"的罪名，且肯定"不孝"乃是严重的犯罪，不在原宥之列。《周礼·秋官·司刺》："司刺掌三刺三宥三赦之法，以赞司寇听狱讼。……壹宥曰不识，再宥曰过失，三宥曰遗忘。"上面的"三环"（读为原）实即古时的"三宥"，源自周礼。[2]

同一篇中又有一例，是关于禁止子告父母、奴婢告主的规定，其文曰："'子告父母，臣妾告主，非公室告，勿听。'可（何）谓'非公室告'？主擅杀、刑、髡其子、臣妾，是谓'非公室告'，勿听。而行告，告者罪。告［者］罪已行，它人有（又）袭其告之，亦不当听。"对于法律的这一种原则，我们十分熟悉。秦简的现代整理者，于此例之下引《唐律疏议》卷二十三、二十四有关内容详加注释，这一点就很说明问题。

---

1 《史记·秦始皇本纪》。
2 参看《睡虎地秦墓竹简·日书甲种》。

这一类例子还可以举出一些。它们所涉及的，多是具体的价值或观念，如"孝"。我们看到，这些具体的价值或观念，以及围绕它们建立起来的法律规则，渊源有自。在它们的后面，更有一种大的文化趋向作背景，值得特别注意。

在秦代官方文件见于秦简的《语书》里面，可以读到这样的字句："廿年四月丙戌朔丁亥，南郡守腾谓县、道啬夫：古者，民各有乡俗，其所利及好恶不同，或不便于民，害于邦。是以圣王作为法度，以矫端民心，去其邪避（僻），除其恶俗。法律未足，民多诈巧，故后有间令下者。凡法律令者，以教道（导）民，去其淫避（僻），除其恶俗，而使之之于为善殹（也）。"这种以法律政令矫端民心，使民为善的观念、心态、做法，见于三代，贯穿于秦汉而至于明清，姑且称之为以法律执行道德的传统。它是小传统后面的大传统，是我们历史上为数不多的"未经省察"的传统，亦是儒法异中之同的根本特征之一。

文化乃是细密复杂的有机体，其中的各个要素、成分，相互作用，彼此影响，对立而又统一；其层层相迭，代代相因；同中有异，异中有同，又未可一言尽之。

历史上的儒法之争，实有着更大的共识作前提。"儒"中有"法"，"法"中有"儒"，并非冰炭不能相容。秦汉以降，儒法趋近而至于合流，并非偶然。

阴 阳

《周易·系辞上》："一阴一阳之谓道。"成公绥《天地赋》云："天地至神，难以一言定称。故体而言之，则曰'两仪'；假而言之，则曰'乾坤'；气而言之，则曰'阴阳'；性而言之，则曰'柔刚'；色而言之，则曰'玄黄'；名而言之，则曰'天地'。"[1] 钱锺书先生谓："大莫能名，姑与以一名而不能尽其其实，遂繁称多名，更端以示。"[2] 上面的讨论概为"道"之名称问题，倘我们着眼于道的生成、运动与变化，则可以专门拈出"阴阳"二字。诚如蒋伯潜先生所言：

> 天地间万物万事，皆各有相反而实相成之相对的二种性质，数之有正负也，电之有阴阳也，人之有男女也，禽兽之有雌雄牝牡也，时日之有寒暑昼夜也，天象之有

---

[1] 《全晋文》卷五十九。
[2] 钱锺书：《管锥编》第一册，第41页。

日月，有昼夜，有晴雨也，以及冷之与热，苦之与乐，富贵之与贫贱，以及邪正、顺逆……皆可作如是观。此二种相对的性质，无以名之，名之曰"阴阳"，曰"刚柔"。阴阳、刚柔非能完全表示此二者之德业而恰如其分也，不过较数学之以 x、y 代表未知数，稍胜一筹耳。而此二者，却为一切变化之原动力焉。[1]

此甚合"一阴一阳之谓道"的原意。在我国历史上，"阴阳"二字特为人们拈出，且大加阐释、发挥，使融入观念、思想与制度，与它在传统宇宙论中的这种核心地位有关。

战国时候，齐人邹衍首创阴阳五行之说。这一种天人感应的学说，到了汉儒董仲舒手里，更加发扬光大，成为当时最流行的思潮。董仲舒云："王者欲有所为，宜求端于天。天道之大者在阴阳。阳为德，阴为刑；刑主杀而德主生。是故阳常居大夏，而以生育养长为事；阴常居大冬，而积于空虚不用之处。……天使阳出布施于上而主岁功，使阴入伏于下而时出佐阳；阳不得阴之助，亦不能独成岁。"[2] 这一套阴阳变化的本体论和辩证法，对于古时思想和制度的深刻影响实在不可以低估。

汉时制度，杀人尽冬月，立春之后，不复行刑。东汉元和二年秋七月庚子，诏曰："《月令》冬至之后，有顺阳助生

---

1 蒋伯潜：《十三经概论》第一编第六章。
2 《汉书·董仲舒传》。

之文，而无鞫狱断刑之政。朕咨访儒雅，稽之典籍，以为王者生杀，宜顺时气。其定律，无以十一月、十二月报囚。"[1] 又，《后汉书·陈宠传》："汉旧事断狱报重，常尽三冬之月，是时帝始改用冬初十月而已。元和二年，旱，长水校尉贾宗等上言，以为断狱不尽三冬，故阴气微弱，阳气发泄，招致旱灾，事在于此。帝以其言下公卿议。"是陈宠据理力争，讲出一番阴阳变化的道理，使"帝纳之，遂不复改"。这样的议论在《鲁恭传》《郎𫖮传》中亦可以见到。事实上，汉儒之好言灾异在历史上是有名的。

天人感应、阴阳盈虚的理论与思潮盛极于汉代，但并不止于汉代，这是有大量古代文献可以证明的。仅就古代刑罚的理论和制度来说，由"德主刑辅"的指导思想，一直到行刑与停刑的具体制度，无不浸淫于这种思想和观念之中。

有趣的是，现代人研究古代文物制度，亦有从"阴阳"二字入手来作解说的。西人弗兰克（Frank）认为，与古之罗马法相反，古代希腊法制推重衡平裁断而排斥抽象的规则。这种他称之为"案件个别化"的情形乃是印度人和中国人的特点，亦在很大程度上为古希腊人所具有。弗兰克更认为，在罗马人对于"实践中难以企及的法律之确定性的追求"里面，有某种"男性"（masculine，"阳刚"？）的成分，而在亚细亚式依据个别情形而灵活解决案件的做法里面，又可以见

---

[1] 《后汉书·章帝纪》。

"女性"(feminine,"阴柔"?)的因素。文化史家们注意到,一方面,古代罗马社会正是以极端的"家父权"著称,另一方面,在大多数文化里面,父亲总是意味着子女当服从的严法,母亲则代表慈爱和"情境左右案件"的原则。前者为封闭、静止和逻辑贯通的法律制度的理想,后者则表明一种灵活、机智、同情和直觉的态度。研究中国古代文明的李约瑟先生更是惊喜地发现,道家的哲学和符号体系正贯穿了对于阴柔的重视。不仅如此,汉儒大量吸收了战国的道家思想,一如后来的新儒家深受唐代道教的影响。据李氏所见,道教并不主张要有"制定于事先的法典",而是给司法官遵循衡平原则和"自然法"的最大自由。难道人们不可以更进一步,把汉儒之克服秦代法家过分的"阳刚",看作是部分地接受道教法律观的结果?[1]

上述说法究竟有多少根据,读者们自可以判断。西洋学者注意到阴阳观念在我国法律史上的影响,而以阴阳还解阴阳,却是学术史上一件可以记载的趣事。

---

[1] 参见 Joseph Needham, *Science and Civilisation in China*, Vol. II, Cambridge: Cambridge University Press, 1980。

"约法三章"

汉高祖入关，召诸县父老豪杰曰："父老苦秦苛法久矣，诽谤者族，偶语者弃市。吾与诸侯约，先入关者王之，吾当王关中。与父老约，法三章耳：杀人者死，伤人及盗抵罪。余悉除去秦法。"[1] 秦代法网密布，政令严苛，人民不堪其苦，高祖此举所以大得人心。据司马迁记载，高祖使人与秦吏行县乡邑，告谕之，"秦人大喜，争持牛羊酒食献飨军士"[2]。

三条法令固不足以治国，但在当时，"约法三章"却是有着重大社会意义的事件。它表明了一般所谓文明社会据以维系的外在和内在的基本条件。关于这一点，我们可以作进一步的分析。

桓宽《盐铁论》谓："秦法繁于秋荼，而网密于凝脂。"秦法的第一个特点便是"繁"。文明社会赖法律政令以维系，

---

[1] 《史记·高祖本纪》。
[2] 同上。

但是法律的滋生过甚，其本身即是造成不公正的原因。关于这一点，古今中外有大量事例可以为证。事实上，秦代的繁刑严诛，不但未能造就天下的安靖，反倒使得奸伪并起，上下相遁，终至"赭衣塞路，囹圄成市，天下愁怨，溃而叛之"[1]，从这一立场出发，我们可以把"约法三章"这种删繁就简的举动，看作社会公正恢复的一部分。班氏谓高祖"蠲削苛烦，兆民大说"[2]，可以说接近了问题的症结。

既然涉及的乃是公正问题，法条本身必得体现公正的要求。不仅如此，既然千万条律令终被压缩为三个简单的条款，这三条法律就必须在更深的程度上体现公正的要求。这对于立法者自然是一项严峻的考验。

"约法三章"的内容被史家高度精练地概括为一句话："杀人者死，伤人及盗抵罪。"由"罪"的角度看，它涉及任何一个文明社会都视为犯罪的三种行为，而通过惩戒手段对这类行为施加有效的抑制，正是文明社会赖以生存的外部条件之一。正唯如此，这三种问题在所有的立法者那里都不曾被忽略。我们看希伯来人的"十诫"，看古代巴比伦的《汉谟拉比法典》，看古希腊的《德拉古法典》，看我们中国历史上的《法经》和关于三代时候的法律记载，皆是如此。实际上，秦的立法者也没有忽略它们，只是让法令的烦苛淹没了它们。待到高祖蠲削秦法，尽除烦苛，独剔出"杀人"、"伤人"及

---

[1] 《汉书·刑法志》。
[2] 同上。

"盗"定为三章，可以说恰到好处，这样一种"简"，针对秦法的"繁"，正不失为一种公正。它得到民众拥护，也就可以想见。

再就"罚"的方面看，秦法严苛，动辄连坐、族诛，显失公正。"伤人及盗抵罪"一条循《康诰》"父子兄弟罪不相及"的原则，但当其身坐，比较起来是公正的。李斐曰："伤人有曲直，盗赃有多少，罪名不可豫定，故凡言抵罪，未知抵何罪也。"[1] 这里虽然没有明定相应的处罚，但基本上体现了公正的要求。至于"杀人者死"，那是以另一种方式表明了公正的要求。

在现代立法里面，杀人者未必皆处死刑，更不要说有一些国家竟已完全地废除了死刑。这与古时立法精神相去甚远。对于这样一种差距的形成，有人从技术的角度予以解释。黄仁宇先生论及明代法制时写道："'杀人者死'这一古老的立法原则在当时仍被沿用，过失杀人和谋杀之间区别极微。这种一方面认为人命关天，一方面又主张以眼还眼的原则自然具有相当大的原始性，但对于本朝的政治经济制度来说，其间的互相配合则极为恰当。这样的立法意在避免技术上的复杂，简化案情的疑难，而在大众之中造成一种清官万能的印象，即在有识见的司法官之前，无不能决断的案件。"[2]

这种解释当然不无道理，但是我们还可以从"公正"的

---

[1] 《史记·高祖本纪》集解。
[2] 黄仁宇：《万历十五年》，第153页。

角度重新看待这个问题。难道一种显失公正的审断原则能够经久不衰，并在民众心目中获得朴素的情感上的共鸣？"杀人者死"确是一条古老的原则，甚至具有很大的"原始性"。《圣经》上面写得明白："凡流人血的，他的血也必被人所流"[1]，"要以命偿命，以眼还眼"[2]，但这并不意味着在中国的汉代或者明代，它已不再是具有公正意味的观念。须知，古人的这一原则直接建立在某种自然公正的观念上面，由此得出的人类生命之间的换算公式对于人心有着广泛而持久的影响力。甚至就在今天，"杀人偿命"的观念依然在民间保持着相当的影响。如果我们说，现代法制中死刑（至少在有些国家里面）的合法性正部分地（以某种隐晦、曲折的方式）建立在这种观念上面，恐怕也是大致不差的。

再回到历史。平心而论，"杀人者死"未必不是秦代法制中的原则，"约法三章"又未必尽是汉高祖刘邦的独创，这一点由"余悉除去秦法"一语可知。问题是，秦法的"繁"与"苛"已达到如此程度，致使公平尽失，天下愁怨。惟高祖慧眼独具，入关之初便"约法三章"，树立了一种公正的统治者形象。在这一层意义上，又可以说，天下的得失亦不尽在马上。

1　《旧约·创世记》9:6。
2　《旧约·出埃及记》21:23-24。

"诏不当坐"

《论语·子路》:"父为子隐,子为父隐,直在其中矣。"由这一条语录,衍生出后世"亲亲得相首匿"的一整套法律规定来。

汉宣帝地节四年诏曰:"父子之亲,夫妇之道,天性也。虽有患祸,犹蒙死而存之。诚爱结于心,仁厚之至也,岂能违之哉!自今子首匿父母,妻匿夫,孙匿大父母,皆勿坐。其父母匿子,夫匿妻,大父母匿孙,罪殊死,皆上请廷尉以闻。"[1] 按照一般看法,这是中国历史上移"父子相为隐"原则于法律的最早一例。不过,倘我们于古史中细心寻绎,或者可以发现这一现象更早的渊源。

《通典》卷六十九记汉儒董仲舒事迹云:"时有疑狱曰:'甲无子,拾道旁弃儿乙养之以为子,及乙长,有罪杀人,以状语甲,甲藏匿乙,甲当何论?'仲舒断曰:'甲无子,振活

---

[1] 《汉书·宣帝纪》。

养乙,虽非所生,谁与易之。《诗》云:"螟蛉有子,螺蠃负之。"《春秋》之义,父为子隐。甲宜匿乙,诏不当坐。'"这一例虽属司法判决,但是以仲舒的儒学宗师身份和他在当时法律生活中的特殊地位推断,其影响怕不仅止于此一案。据载,仲舒老病致仕,朝廷每有政议,数遣廷尉张汤至陋巷问其得失。于是作《春秋决狱》二百三十二事,动以经对,言之详矣。[1] 可见其"春秋决事"乃是具有指导意义的典型判例。

仲舒以"父为子隐"原则适用于司法判决,实际上早于上引宣帝诏令,这一点不言自明。更加可以注意的是,就在这一例中,由"甲宜匿乙,诏不当坐"一语,我们还可以约略窥见有关"父子相为隐"原则的更早的法律规定呢。

仲舒当日言"诏不当坐"究竟本自何处已难考实,然而我们据此推断有关"父子相为隐"的法律原则当时业已确立却也不无道理。

或者有人说,《庄子·盗跖》载"若父不能诏其子,兄不能教其弟,则无贵父子兄弟之亲矣"。这里,"诏"训为"教",此"诏不当坐"之又一解。然而,我们不能够忘记,自秦李斯奏请尊号,以命为"制",令为"诏"之后,"诏"即专指帝王之文书命令。仲舒之日,海内一统,汉天子曰"皇帝",其命令曰"诏"。这一个"诏"字,实在是随便不得的。

---

[1] 《后汉书·应劭传》。

也许又有人问，既有成法（"诏"），何必又引《诗经》？细审此案，疑狱者，并非法律的有无与当否，而是事实的确认问题。详言之，甲、乙的养父子关系可否作为亲生父子关系来处理，这是问题的关键。"虽非所生，谁与易之"以及"《诗》云"等等，都是要确定父子关系的性质。事实问题一经解决，法律即可适用，何疑之有？至于以"《春秋》之义"与"诏不当坐"并列，亦无矛盾抵牾之处。宋人书判及清人判牍里面，成法之外，圣人语录、道德故事以及前贤诗文屡屡可见，此古代法律道德化之一端，不足为怪。

然而，仲舒之时已有诏令，宣帝何必再颁诏书？历史上，就同一内容重复颁发诏令之事并不少见，这或许是因为法纪松弛，执行不力，或许只是要突出地表明某种立场。在此例中，仲舒所引"诏"的内容与范围我们不得而知，仲舒所要适用的原则却只是"父为子隐"；至汉宣帝地节四年，其诏书确立的原则乃是"亲亲得相首匿"，容隐范围远在父子之外。新法并不只是重复旧法，同时还修订了旧法，提出了更宽泛、更明确的原则。这或者可以成为一种解释。

文化的演进、传统的递嬗，皆因积累而成。如若我们在历史的链环上发现阙失，那或者是因为我们所取的立场妨碍我们进行更深入细致的观察，或者是因为深埋于历史积尘之下的故纸、遗存尚未被人们发现。

经义决狱

汉时援引古代儒家经典断决疑案的做法蔚然成风，史称"经义决狱"[1]。

论者多以为汉之经义决狱，或起因于当日法律的不完备，或因为其时法律的反儒倾向，因而将董仲舒认作以礼入法的第一人。这一种看法建立在儒法截然对立以及秦汉之法纯本于法家精神的前提之上，自不待言。其说似合于逻辑，却不尽合历史之实。

汉高祖入关，尽除秦之苛法，与民约法三章。此并非仲舒时的情形。据《晋书·刑法志》："汉承秦制，萧何定律，除参夷连坐之罪，增部主见知之条，益事律《兴》《厩》《户》三篇，合为九篇。叔孙通益律所不及，《傍章》十八篇，张汤《越宫律》二十七篇，赵禹《朝律》六篇，合六十篇。"仲舒之时，通行的法律篇目，怕是更在此六十篇之上了。说其时

---

[1] 又称"春秋决狱"。

无法可依，未尽其实。再看仲舒以《春秋》决狱现存的几例。

> 时有疑狱曰："甲无子，拾道旁弃儿乙养之以为子，及乙长，有罪杀人，以状语甲，甲藏匿乙，甲当何论？"仲舒断曰："甲无子，振活养乙，虽非所生，谁与易之。《诗》云：'螟蛉有子，蜾蠃负之。'《春秋》之义，父为子隐。甲宜匿乙，诏不当坐。"

此一例自有诏令在，"疑狱"之谓，实在只是甲乙父子关系之成立与否的事实问题。[1] 再看一例：

> 甲有子乙以乞丙，乙后长大而丙所成育。甲因酒色谓乙曰："汝是吾子。"乙怒杖甲二十。甲以乙本是其子，不胜其忿，自告县官。仲舒断之曰："甲生乙不能长育以乞丙，于义已绝矣，虽杖甲，不应坐。"

此一例正好由反方面补充上面的一例：甲乙之父子关系因义绝而不能成立，殴父当罪却是确定无疑的。第三例亦是关于殴父：

> 甲（按："甲"下当有"父"字）乙与丙争言相斗，

---

[1] 参见本书《"诏不当坐"》。

丙以佩刀刺乙，甲即以杖击丙，误伤乙，甲当何论？或曰，殴父也，当枭首。论曰："臣愚以父子至亲也，闻其斗莫不有怵怅之心，扶杖而救之，非所以欲诟父也。《春秋》之义，许止父病，进药于其父而卒，君子原心，赦而不诛。甲非律所谓殴父，不当坐。"

这是"论心定罪"著名的一例。《春秋繁露》曰"《春秋》之听狱也，必本其事而原其志"，依此原则，殴父之律不能够适用在此一案中。

最后一例谈的是夫死妇再嫁之事：

甲夫乙将船，会海风盛，船没溺流死亡，不得葬。四月，甲母丙即嫁甲，欲皆何论？或曰，甲夫死未葬，法无许嫁，以私为人妻，当弃市。议曰："臣愚以为《春秋》之义，言夫人归于齐，言夫死无男，有更嫁之道也。妇人无专制擅恣之行，听从为顺，嫁之者归也。甲又尊者所嫁，无淫行之心，非私为人妻也。明于决事，皆无罪名，不当坐。"[1]

这里谈的依然是事实问题，即甲夫死而再嫁是否在法条（包括决事）禁止之列。仲舒引《春秋》之义详为主说，固然

---

[1] 以上四例见沈家本《历代刑法考·汉律摭遗卷》"春秋断狱"条。又可以参考程树德《九朝律考·汉律考·春秋决狱考》。

是坚守儒家的立场，而论者以为私为人妻，罪当弃市，又何尝不是奉行着儒学的信条！对于前面二例中以为殴父当坐者，亦可作如是论。

以上面四例所见，仲舒引经断狱之由，既非无成法可依，亦非法条与儒学价值相悖，而是想要避免和纠正"诛名而不察实，为善者不必免，而犯恶者未必刑也"[1] 的弊害。这种做法，当然影响着法律的发展，而其本身，正是道德化的法律的一种特征，我们看唐、宋、明、清历代的司法判决，无不体现着同一种精神。至于说，何以有汉一代，《春秋》决狱之风尤盛，这大概可以从历史上经学发展至于汉代的情形以及仲舒其人的特殊身份来作说明。问题在于，仲舒所欲解决的弊害，实际上不能止于秦汉两朝。在道德之价值同于法律甚至高于法律的地方，名与实的矛盾便永远困扰着司法者。因此之故，当我们看到广义上的经义决狱实际上贯穿于我们传统法律的始终，那是一点也用不着奇怪的。

---

[1] 《汉书·董仲舒传》。

人命关天

常言道,"人命关天"。今人以此极言生命问题的严重性。然而在古时,这种说法还包含了某种超出喻义之外的实际意义。

在古人的观念里面,天并非人格化的上帝,但也不是与人事无关的科学对象。毋宁说,它是某种自然的生命力量,养育万物,造化天地。这样的天,不是与人隔绝的,而是与人相通的。天与人各依其本性结成内在的有机联系,其结果既显现在自然现象里面,也呈现于社会现象之中。又由于天根本上乃是生生不息、变动不居的生命之流,在与天相关和作用于天的种种人事里面,人类生命便成为最积极最活跃的因素。这种独特的天人观不但对于古人的思想和行事有深切的影响,甚至在古代典章制度中也有极其明显的表现。"人命关天"的说法只是日常生活中显见的一个例子罢了。

汉人好言灾异,是以灾异为天意的表征、人世的预兆。

凡遇日食、地震、水灾、旱灾、蝗灾，君王辄下诏罪己，大赦天下，这样的记载在班、范所著的两汉历史里面比比皆是。清人沈家本曾作《赦考》十二卷，将这一类事例搜罗了不少。事实上，因为灾异而清理狱政、赦免罪囚的做法并非只是汉代的风尚。认为对人类生命的处置失当必将干犯天怒、招致天谴这样一种信念源远流长。汉人行刑尽秋冬之季，这种制度一直沿用至明清而没有根本的改变。说到底，中国人的宇宙观无大改变，那一套"天人感应"的哲学依然有效。

昔日读书，见到一则有趣的史料。隋文帝尝于盛怒之下要在六月棒杀人。当时主管刑政的官员赵绰以为不妥，就极力劝阻文帝，其理由是，此时正是万物成长时节，不可滥开杀戒。文帝则回答说，六月固是生长时节，然此时必有雷霆，天道能于炎炎夏日以雷霆显示其威怒，我依天象行事有何不可。遂不听劝阻，执意杀人。宋人胡寅读史至此评曰："则天而行，人君之道，尧、舜、禹、汤、文、武之盛，由此而已。文帝所言，王言也，而其事则非也。宪天者，以庆赏法春夏，以刑威法秋冬，雨露犹人君之惠泽，雷霆犹人君之号令，生成万物之时，固有雷霆，而雷霆未尝杀物，隋文取则雷霆，而乘怒杀人，其违天多矣。"明人邱濬的评论更为严厉："隋文帝以阴谋得天下，而性尤猜忌，往往欲杀人以立威。……呜呼！天立君以主生人，欲其则天道以为治，使天所生得全其生。今为天之子，不能奉天道以养天民，反假天之威以害之，使天无知则已，天道有矩，岂肯容之耶？卒之不得其死，而其子若孙自相鱼肉，至于殒宗绝祀，孰谓天道无知耶！"

表面上看，隋文帝与赵绰的立场正相反对，后世史家对文帝的批评更是毫不留情。但实际上，批评者与被批评者之间的共同性恐怕要深刻得多。具体言之，隋文帝所谓"天道"，在解释上确实不同于他人，但是把"天道"作为行事的依据，这种做法却又是大家都先认可了的。进一步说，大家非先有对生命融于其中之"自然"的信仰和对人君须"则天道以为治"的共识，则不能有上述的论辩与批评。这里，潜在的共同性不是比表面的分歧更加意味深长吗？隋祚短暂，前后不过四十年光景。现今的历史学家谈及隋亡，首先要列举种种政治的、经济的、社会的原因，古人喜做道德判断，则一定不忘在"天道"里面去推求因果关系。这自然算不上是高明的历史学家，但是如果我们能够证明，这一套政治哲学和历史批评乃是出自最最真实的信仰，则我们必须承认，道德批评及其哲学对于历史进程也不会是无足轻重的。

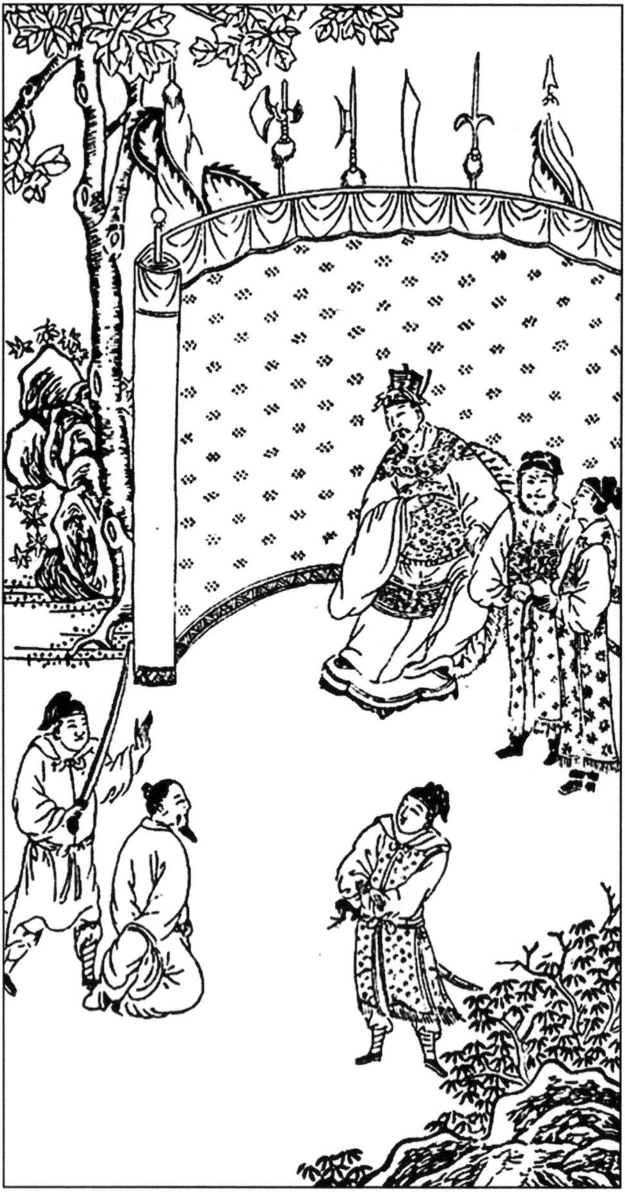

收 继 婚

古代两河流域的亚述人，有兄弟娶其寡嫂的习俗。文明程度略高一些的巴比伦人也有类似的做法：倘一男子不幸早逝，家长可以将守寡的媳妇许配给自己的另一个儿子。这样做的具体原因我们不甚清楚。倒是亚述人有很明确的理由，因为在那里，兄弟娶其寡嫂，是由于死去的兄长没有留下子嗣，统绪因此而有断绝的危险。在这种情形下面，一个男人娶其寡嫂毋宁说是在尽其做兄弟的义务呢。

古代犹太人所处的社会发展阶段与亚述人的相近，他们在历史上与两河流域文明更有极深的渊源，如果在他们中间看到有相同的习俗，那是不值得奇怪的。可贵的是，犹太人留给我们一些难得的记载，对于这种习俗有着极生动的描述。《旧约·申命记》25:5-10 云：

"弟兄同居，若死了一个，没有儿子，死人的妻不可出嫁外人，她丈夫的兄弟当尽弟兄的本分，娶她为妻，与她同房。妇人生的长子必归死兄的名下，免得他的名在以色列中涂抹了。那人若不愿意娶他哥哥的妻，他哥哥的妻就要到城门长老那里，说：'我丈夫的兄弟不肯在以色列中兴起他哥哥的名字，不给我尽弟兄的本分。'本城的长老就要召那人来问他，他若执意说：'我不愿意娶她。'他哥哥的妻就要当着长老到那人的跟前，脱了他的鞋，吐唾沫在他脸上，说：'凡不为哥哥建立家室的，都要这样待他。'在以色列中，他的名必称为脱鞋之家。"

后来的犹太人大约不再行这样的习俗，因为早先的生活方式已经全然地改变了。只是，兄弟娶其寡嫂的实践甚为普遍，并不限于古代两河流域诸民族。莎士比亚的名剧《哈姆雷特》里，丹麦王克劳狄斯杀兄娶嫂，以及英国历史上，国王亨利八世娶其兄之遗孀凯瑟琳，都是有名的事例。至于中国，虽然华夏民族传统的道德观念不容此种习俗，兄死则弟娶其嫂，乃至父死则子妻庶母一类事，自汉唐以下不绝于史，延至后世，竟有衍成风习而为法律所不能禁绝者。今人陈鹏著有《中国婚姻史稿》一书，于此一节论说颇详，兹概括引述于下。

汉时定越地，置交址、日南等郡，其民兄死妻嫂，世以为俗。三国时，地属于吴，吴人不能禁制，只以禽兽目之。

胡人进入中国，亦将此种习俗带入，唯汉化既久，亦有禁其国人收继者。北魏为鲜卑苗裔，其旧俗"妻后母，报寡嫂"，故拓跋氏入中国后，贵族间仍有烝淫之事。不过因为受了汉化，这类事已被视为秽行，且见诸弹章。后来之北齐则不然，因其胡化业深，则烝报无忌。

隋唐两代起自关陇，寖淫胡化，亦不以报之事为讳。朱子曰："唐源流出于夷狄，故闺门失礼之事，不以为异。"盖即指此而言。

金人原有收继之俗，"父死，则妻其母，兄死，则妻其嫂，叔伯死，则侄亦如之"。至其灭辽攻宋，奄有东北、黄河及淮河流域，遂使此俗行于其域内汉人中间，惟以中原礼教为之折中，要求寡妇"服阕归宗，以礼续聘"而已。

我国历史上，"收继"一语，始见于《元典章》《通制条格》及《元史》等书。此种习俗为蒙古人所固有，其目的是要保守其家产。至元人入主中原，依然盛行此俗，不过据当时判例及律文，元人收继之法颇多限制，如远房小叔不得收继寡嫂，守志妇不得收继，侄儿不得收继婶母，兄不得收继弟妇等。尽管如此，收继之俗仍为守礼法者所反对。大抵元时情形，中原礼俗与蒙古旧俗彼此影响，结果既有汉民遵行此俗，又有蒙古人不从旧俗而朝廷褒奖者。

明太祖革元旧俗，严继之禁。明律规定：若收父祖妾及伯叔母者，各斩；若兄亡收嫂、弟亡收弟妇者，各绞，妾者减二等。然而有明一代，弟配孀嫂、兄收弟媳的流俗终于不曾禁绝。

清人原为女真苗裔，入关之初，犹不讳收继，其后渐沐汉化，始悬为厉禁。其律与明律同。后来在乾隆、嘉庆间续纂刑例，其规定较详，分别情形，量情定罪，已不若律文之严。盖习已成俗，犯之者众，不得不酌为减轻。然亘有清一代，民间行此俗者，实未尝因法有禁而绝响也。陈鹏先生最后总结说：

> 综上所述，收继婚之普遍民间，实始于元。而尤以农村及边远地区为盛。此俗与中国传统之道德观念，实相冲突。明清两代律令又屡禁之，而始终不能少革，其故安在？一言以蔽之，曰，贫而已矣。……民间婚嫁，仍循前代遗俗，非财不得，于是势迫处此，不得不袭元人收继之法，以减聘财之费。行之既久，寖以成俗，遂无有知其非者矣。要之，经济条件有以促成之也。

试观今日之中国农村，穷乡僻壤之民人仍有行此种习俗者，亦是贫穷使然，足见陈氏所言不谬。只是，这一种情形与古犹太人为承嗣而实行之收继婚，蒙古人为保守家产而行之收继婚，以及西人因为政治和其他诸原因而为之收继婚，有着种种颇具意味的不同。我们看一种社会习俗的发生与发展、沿革与传播，看它与社会经济生活、宗教观念、道德意识、法律制度的相互影响，考察其形态，探究其原因，对于历史与人性必定产生许多有益的认识。

监 护

现代法律中的监护制度专为未成年人设立,旨在补充其能力,保护其利益。古制与此略异。在罗马法中,监护的设立最初是为了保全家族财产,嗣后方逐渐变成为保护被监护人利益的一种制度。此外,古时受监护者在未适婚人(即未达到法定婚龄者)之外,还包括妇女,这与妇女旧时地位以及当时人的偏见有关。

考我国古时法制,虽无被称为"监护"的一种制度,但以与监护制度相对应的特定社会关系同样存在于中国这一事实推论,与之相当的惯习和法律也许是有的。以妇女的监护为例,古人以为女子有"三从"之义,谓未嫁从父,既嫁从夫,夫死从子。[1] 这既是经义,也是惯习和法律,而且表面上看,颇类罗马法对于妇女的终身监护。至于父母俱亡而子女幼小,这种情形对有人代行父母职责的需要更不待言。这便是我们谈论中国古代"监护"制度的基础。

---

1 最后一条须加若干限制,参阅戴炎辉《中国法制史》第四篇第七章。

自然，我们同时也注意到，在成熟的罗马法里面，监护制度已相当发达而臻于完备，其对监护的设立与消灭、监护人的资格与职责、监护人与被监护人之间的权利与义务等，均有明确而细密的规定。至中国则不然。我国古时"监护"事项通常由私人自理，国家条法鲜有规定。宋元法制中有一种国家管理孤儿财产的办法，称为"检校"，大约那是仅有的一种例外。

关于我国古法中"监护"制度的不发达，有当代学者解释为家族组织发达的结果。其表现有二：一是"家为国家及社会组织的单位，原则上禁止卑幼的别籍异财，家产统摄于家长"；二是亲属法中，"尊长卑幼的伦序极为严密，关于身份上的事项，若无自然的保护人，则由尊长担任。故只于家内无尊长时，始有特设监护人的必要"。[1] 这种解释固然不错，但是未必充分。古代罗马的家族组织亦甚发达，罗马法中所谓"家父权"更是突出。然而这种情形并未阻碍监护制度的发展。其深一层的原因，恐怕要在古罗马人建构其社会关系的基本观念，以及法律据以调整此类社会关系的出发点中求得。

在罗马，男十四岁、女十二岁以前，如果为自权人，则须为之设置监护人，是为未适婚人之监护；为自权人的女子，年满十二岁时则脱离未适婚人之监护而处于女子监护之下。由此可见，监护的前提为一适当的"自权人"，即不在他人权

---

[1] 戴炎辉：《中国法制史》第四篇第七章。

力之下而能够独立行使权利的人。自权人的产生可以是自然的，如家长死亡，其妻与子女就为自权人；也可以依照法律，如家子为家父"解放"而成为自权人。这种情形为古代中国社会所不见，并且是当时人无法想象的。

我国古时，建构人际关系的准则，不是权利－义务的模式，而是以宗法为核心的一套"义"的理论。家内关系受了永恒不变的伦常的支配，法律于家内关系所注重者也只是伦常。它不能像罗马法那样专设监护制度以保护财产，主要原因便在于此。这一种内在的差异，在具体的制度原则里面表现得非常清楚。比如，罗马人为妇女设立终身监护制度（此制于帝国后期废止）乃是基于妇女不具有完全的行为能力这样一种偏见。监护人的职责在于补充其能力，以免因为其管理不当损害继承人或其本人的利益。这种考虑与纯粹出自宗法关系的所谓"三从"之义实在有着很大的不同。此外在罗马法中，又有专为行为能力不足或竟完全欠缺行为能力的"浪费人"（即挥霍法定继承所得遗产，致损害其法定继承人利益者）和精神病人设立的制度，是为"保佐制度"。这种制度不见于我国古代，当然不是一件偶然的事情。

上文提及宋元法制中的"检校"制度，并认为那是中国古时处理"监护"事项的一种例外，其实这个"例外"的意义是很有限的。"检校"制度毕竟不是"监护"，它所具有的种种特征，都表明了中国古代法律在文化上的特殊性。

"检校"为宋元时国家管理孤儿财产的一种制度，已如上述。《宋会要》云："元丰令，孤幼财产，官为检校，使亲戚抚养之，季给所需。赀蓄不满五百万者，召人户供质当举钱，岁取息二分为抚养费。"又说："孤幼财产，官为检校，不满五千贯，召人供抵当，量数借请，岁收二分之息，资以赡养，使其长立而还之。"[1] 此处言管理办法甚详。在另一处宋人的解说里面，又约略道出了设立此种制度的要旨。

> 所谓检校者，盖身亡男孤幼，官为检校财物，度所须，给之孤幼，责付亲戚可托者抚养，候年及格，官尽给还，此法也。[2]

可知检校当用于男性未成年人，目的在于维护宗嗣，其对于家产的保护，实包含于其中。这一层用意，我们在宋人判语中看得明白。

> 方天禄死而无子，妻方十八而孀居，未必能守志，但未去一日，则可以一日承夫之分，朝嫁则暮义绝矣。妻虽得以承夫分，然非王思诚所得干预。子固当立，夫亡从妻，方天福之子既是单丁，亦不应立，若以方天福之子为子，则天禄之业并归天福位下，与绝支均矣。先责王思诚不得干预状，违从不应，为杖断。仍将天福押下县，唤上族长，从公将但干户下物业均分为二，其合归天禄位下者，官为置籍，仍择本宗昭穆相当者立为天

---

[1] 转引自上书，第四篇第七章。
[2] 叶岩峰：《不当检校而求检校》，《名公书判清明集》卷七。

禄后。妻在者,本不待检校,但事有经权,十八孺妇,既无固志,加以王思诚从旁垂涎,不检校不可。请本县详判区处讫,申。[1]

此案涉及"立嗣"与"检校"两项。在前者,司法官主要考虑的是"绝支"问题;在后者,法官考虑到本案的特殊性,竟破例而为"检校"。这里,财产问题既不是主要的,也不是纯粹的,而是从属性的和包裹在宗法规则之内的。也正因为如此,违反有关法律应受的处罚是很重的。宋时敕令,支用已检校财产,论如擅支朝廷封桩钱物法,徒二年。[2] 这又与罗马法及近代立法中,监护制度为民法之一部分的情形判然有别。

法律的出发点或曰价值依据不同,调整同类社会关系的法律也就不同。我国历史上,最终未能产生可以与罗马监护制度相媲美的法律,实在不是出于偶然。至于近代,我们所以采取西洋民法中的监护制度,而非固有法律中的检校制度,恐怕又主要不是因为二者有发达与简陋之别,而是因为它们内里的精神在根本上不同罢。

---

[1] 吴雨岩:《检校嫠幼财产》,同上书,卷八。
[2] 胡石壁:《侵用已检校财产论如擅支朝廷封桩物法》,同上书,卷八。

时　效

时效为现代民法制度的一种，其渊源可溯及古代之罗马法律。

古罗马最早的法典——订立于公元前451至前450年的《十二表法》，其中有如下规定：

> 凡占有土地（包括房屋）二年，其他物品一年的，即因时效取得所有权。（第六表）

这种因连续无中断地使用他人所有物，经过一定期间而取得该物所有权的办法，为罗马法中移转所有权的重要方式之一，是为"取得时效"。

与"取得时效"相对的又有所谓"消灭时效"，后者系法律对于诉讼权利所加的限制，具体言之，权利人在规定期间不向法院行使请求权，其诉权即归于消灭。

我国古代法制是否也包含有与上述时效制度相类的制度，现代研究者所见不一。戴炎辉先生认为，"固有法无时效取得"。不过同时，他也举出一种特例：晋室南迁后，人民多弃地而流亡江南，至江北稍平，田地大率为他人所占，致使北魏之时，现占人与归农者间颇起田土争执。为此，孝文帝限制还地出诉期限，规定所争之田，宜限年断，事久难明，悉属今主。[1] 对于这一则历史记载，戴先生显然视为例外，而不愿看作一种制度。另一位学者林咏荣则持相反意见，认为时效制度的两种形式在我国古代法制中均已具备。宋太祖建隆三年敕曰："如为典当限外，经三十年之后，并无文契，虽执文契，或难辨真伪者，不论理收赎之限，现佃主一任典卖。"此取得时效例。又，唐穆宗长庆四年制曰："百姓所经台府州县，论理远年债负，事在三十年以前，而立保经逃亡无证据，空有契书者，一切不须为理。"此消灭时效例。[2]

就上引两种材料而言，一方面，戴氏的否定说固然没有充分的说明，但是另一方面，林氏的肯定说也不能说有了足够的论证。因为首先，我国古代并未产生与罗马"私法"（主要为后来的民法）相类似的制度，这已是众所周知。断言我国古制亦备有时效制度，自当就与上述事实相关者作进一步的解释。其次，罗马法中时效制度的发展经历了漫长的时日，法律就其范围、条件与期限的规定几经变更而逐渐完善，其关于时效取得者之占有须连续、合法及善意诸项规定，均为

---

[1] 参阅戴炎辉《中国法制史》第五篇第一章、第二章。
[2] 林咏荣：《中国法制史》，第123页。

现代立法所采纳。因此，纵然我国古代法律中有与罗马法中的时效制度相类者，要判明其性质，确定其名称，亦须就其构成要件诸因素作必要的比较和分析。

罗马人设立时效制度，原因是多方面的。由物权方面说，这种制度可以调节所有人与需要人之间的矛盾，可以补救所有权取得之缺陷，亦可以成为所有权的证明。由诉讼的方面看，它可以减少查证的困难，并对诉讼产生限制的效果，其有益于社会现行秩序的稳定固不待言。

着眼于时效制度建立其上的特定社会关系（占有他人所有物之占有人与所有人，如上例中"现占人与归农者"）以及此种制度的诸多社会功能，我们可以推断中国古代法制中至少存在最广泛意义上的时效制度。林氏所举两例即可以为证。不过，以这两例（甚至也包括戴氏作为例外举出的一例）的行文方式，我们可以发现一个显著的特点，即此种关于"时效"的规定，其着眼点几乎完全是在诉讼方面。孝文帝所以为系争田土规定年限，以其"事久难明"；宋太祖规定"佃主一任典卖"的条件，是三十年后而无文契，或虽有文契而难辨真伪者；至于唐穆宗，其规定官府不须为理债负的情形，为"事在三十年以前，而立保经逃亡无证据，空有契书者"。这里，法律纯由官府的立场出发，为避免查证上的烦难和维护现行秩序而予诉讼以限制的倾向至为明显。关于这一点，我们有更多的证据。

宋人所辑《名公书判清明集》中，有关于"时效"的材料数篇，其中多援用法律。如一例有关田产的讼案，法官断曰:"准法:诸理诉田宅,而契要不明,过二十年,钱主或业主死者,不得受理。今业主已亡,而印契亦经十五年,纵曰交易不明,亦不在受理之数。"[1] 又有一案,法官援引上述法条后判曰:"此盖两条也。谓如过二十年不得受理,以其久而无词也,此一条也。……今此之讼,虽未及二十年,而李孟传者久已死,则契之真伪,谁实证之,是不应受理也。"[2] 又一案谓当事人所执干照"已经五十余年,其间破碎漫灭,不明已甚,夫岂在受理之数"[3]。因为年深日久而造成的查证上的困难,无疑是人们(无论东方还是西方)考虑对诉讼加以限制的原因之一。不过,由我国古代立法者和司法者的行文、语气里面,我们还可以体味到一种道德的旨趣。虽然,在我们有文字记载的历史上,"无讼"的理想从来不曾实现,但"息讼"的努力一刻也没有放松。换句话说,"时效"制度所要维系的现行秩序,在我们这里有着道德上的深刻含义。正因为如此,我们不但严惩"讼棍"及"刁讼"、"健讼"之人(以其无合理的根据),就是对合情、合理且合法的讼事也不予鼓励。事涉家族邻里时就是如此。宋人有侄与出继叔争业者,法官判曰:"在法:分财产满三年而诉不平,又遗嘱满十年而诉者,不得受理。杨天常得业正与未正,未暇论,其历年已深,管佃已久矣,委是难以追理。请天常、师尧叔侄各照元管,存睦族之谊,不必生事交争,使亡者姓名徒挂讼牒,

---

[1] 《王九诉伯王四占去田产》,《名公书判清明集》卷四。
[2] 方秋崖:《契约不明钱主或业主亡者不应受理》,同上书,卷四。
[3] 《吴肃吴镕吴桧互争田产》,同上书,卷四。

实一美事。"[1] 最后几句透露出来的消息，无疑有助于我们了解司法官的立场和古时立法的真精神。毕竟，法律发生不只受社会方面客观要求的制约，它在满足社会需求的同时必定要贯彻主观上的价值追求。由此，我们当不难理解，何以我国古时的"时效"制度鲜见于实体法方面，而主要表现为对于诉讼的限制。而且，即使是在这一方面，它也不具有罗马法消灭时效中应有的许多内容，如时效的中断等。

在对诉讼加以必要的限制这件事里面，不能说我国古制与罗马法全无共同之处。问题是，二者中间有些东西是全然不同的。罗马人将时效置于民事法律关系的当事人之间，由此生出该当事人双方权利－义务关系的对待变化。我国古制则不同，它把"时效"放在官府与民众之间（"不得受理"、"不应受理"云云，皆指官府而言）。于是，"不得受理"而受理者有过；"不应有词"而辄讼者，更会因烦扰官府蒙受健讼的恶名，招致道德的责难和法律的惩罚。法律效果的不同，表明了立法精神的不一样。最终，它们在实现某种相同社会职能的同时，又造就了截然不同的结果和意义。对此应作出怎样的评判，完全依赖我们所取的立场。如果只以罗马法意义上的时效制度来衡量，则我国古时的"时效"制度会因其过分简陋而无甚可谈，但是换一种立场，由它置身于其中的文化的内在性质作一判断，我们的结论就会迥然不同了。

---

[1] 翁浩堂:《侄与出继叔争业》，同上书，卷五。这是宋代有关"时效"的又一种规定，其期限较一般争田宅者大为缩短，这是否因为所涉为家内分产事项呢？

诸法合体

人类历史上最早的法典，大都包罗万象，无所不及。古人立法全不顾现代的分类标准，管他刑事、民事，程序、实体，宗教、世俗，都在同一部法典里予以规定。这种情形，今人习惯称为"诸法合体，民刑不分"。古代法的这个一般特点，似乎也见于中国古制。我们看唐以后历代的法典，无一不是兼采民刑，且于实体法和程序法不加区别的。尽管如此，在我们把上述现成的结论加于中国古代法之前，还有些问题值得考虑。

首先，19世纪初，当欧西诸国分门别类地制定其宪法、民法、刑法、商法和诉讼法的时候，我国法制仍袭古制，称律、令、格、式、敕、比、例等，不但没有相应的分类理论和实践，而且全无推陈出新的内在要求。

其次，欧西法制以罗马法为其渊源，罗马法中尤以"私法"（现今所谓民法即其主体）为发达。至我国则不然。户律固然始于西汉,但是将户婚、田土、钱债等事项撺取入律,却是唐贞观以后的事情。

再次,即便以明清法律与罗马私法相比较,二者有关民事的法律规定在内容的完备程度和法理的研究深度诸方面,也完全不可同日而语。古代的罗马文明似乎远远走在了近代中国的前面。自然,这是一个似是而非的结论。由此可知,借用社会发展阶段不同一类说法来解释上面列举的事实,终究不能够完满。归根到底,法律并非客观社会关系的简单反映,它同时还体现着特定人群的价值追求。着眼于这一点,我们可以提出另一个问题。

当我们说汉唐以后历朝法典,无不兼采民刑,我们所谓"民"指的究竟是依现代观念得归入"民事"的那些社会关系,抑或是按现今分类标准可以算作"民事法律规范"的法律本身?这两者,一个是客观的社会实在,一个是主观的符号体系,不可不分别清楚。

罗马的《十二表法》(公元前5世纪)是"诸法合体,民刑不分"类型的法典。古代巴比伦的《汉谟拉比法典》(公元前18世纪)也是。我们这么说,是因为在这些法典里面,不但保存大量我们名之为民事法律关系的内容,如婚姻、继承、收养、遗嘱、所有、占有,以及买卖、借贷、租赁、合伙、委任、代理等各类契约,而且相应的规定可以被视为真正的民事法律条款。换句话说,在这方面的违法行为,未被视同犯罪,不致招来社会的惩罚,它带来当事人双方权利-义务关系的变化，却不产生刑法上的效果。我国古代法制与此大不相同。早期法典如《法经》，重在"王者之政"，所列诸篇（计有《盗法》《贼法》《网法》《捕法》《杂法》《具法》六篇）概不涉民事，可以不论（尽管这本身就意味深长）。由汉至唐，户婚乃至钱债、田土等涉及民事的内容渐次撷取入律，这种格局延至明清而无大变，其特点有二：一是涉及民事者甚少，而且其内容的丰富与变化，较《汉谟拉比法典》也大为逊色；二是民事中的违例几乎都生刑法上的效果，即如婚姻和收养违例，买卖中货物的"行滥短狭"以及负债不偿等，都要负刑事的责任。陈寅恪先生论及隋唐法制，一概称之为"刑律"[1]，根据是否就在这里呢？无论如何，这类法典不可以简单地说成"诸法合体，民刑不分"。

当然，人们可以变换角度，把所论的问题，由"法典"扩大到"法制"乃至"法律秩序"。这样，我们要考虑的就不单是"律"，而且包括令、敕、比、例以及基层官司所作的判决等各类形式的法律。这时，我们会发现，一方面，用以调整"民事关系"的法律明显地增多，另一方面，"民事行为"辄引起刑事责任这一特点依然不变。这一种情形，特别明显地表露在我国古时的诉讼程序里面。

台湾学者戴炎辉先生写道：

1　参阅陈寅恪《隋唐制度渊源略论稿》。

我国古来法律受到道德的薰染，除现代所谓犯罪行为外，侵权行为及债务不履行，亦被认为是犯罪行为，不过其违背道德较浅，其刑亦轻而已。《周礼·秋官·大司寇"》郑注："讼谓以财货相告者，狱谓相告以罪名者。"据此而观，讼是民案，狱乃刑案。后代亦有田土、户婚、钱货案与命盗案之分。惟不能截然分为民事诉讼与刑事诉讼，刑事的诉讼与民事的争讼，非诉讼标的本质上之差异，只不过其所具有之犯罪的色彩有浓淡之差而已。在诉讼程序上，民事与刑事并无"质的差异"，即其所依据的原则并无二致。[1]

这一段关于我国古时诉讼程序特点的论说简单扼要，惟其对于事实的解说未尽其详，我们不妨略加申说。

我国古代法制，随古代文明递嬗演进，历四千载，至隋唐，业已发达成熟。唐代法典如唐《永徽律》，集前人之大成，以其完备和权威，成为后世的楷模。这样一种地位，又是罗马《十二表法》所不能比拟。由这一事实我们应当意识到，上文列举的若干事实并不表明社会阶段的差异，而是表明了文化类型的不同。正是由此文化的特殊类型里面，我们可以见出我国古代法律的统一性来。

在我国古时，法律政令实际为道德之器械。以道德统摄

---

[1] 戴炎辉：《中国法制史》第三篇第一章。

法律，这正是古代法统一性的价值基础。

古人云，出乎礼则入于刑，他们于道德和法律实际是不加区分的。立法者依其道德准则编制人类行为的法典，司法者则在实践中尽力推行之。婚娶、收养违制和幼卑犯尊所以被视为严重的犯罪，是因为这类行为在道德的考虑上已足够严重；田土、钱债等关涉民事者所以为立法者所轻忽，又是因为它们在道德上无足轻重（所谓"民间细故"）。此种对行为的道德评估充分地表现于刑罚方面。

传统的"五刑"（所谓笞、杖、徒、流、死）辅之以各种特别处罚，构成一张刑罚等级网，以与道德上的轻重判断相配合。这种配合更因为有着"天道"、"天理"一类概念所代表的宇宙（自然）秩序（古代哲学里面，礼、乐、刑、政皆有着自然的形而上依据）作背景，而具有特别的权威和庄严性。与此相应，古代的裁判机构依刑罚的轻重（"五刑"）来划分它们对案件的管辖权限，并无所谓"事件的管辖"（即不依特定事件如民事、刑事、商事等为管辖），因此，其诉讼的原则也无须区分。最后，裁判附属于行政。历代皆以统一的行政管理来保证法律组织上的统一，以靠着价值上的共同自觉维系的文官集团来确保法律上价值的一致。如此形成的法律体系，表现出高度的统一性和单纯性，我们在汉代循吏的事迹里面，在宋、明、清历代官吏的法律判牍里面，可以看到许多生动的事例，它们正好构成了上面描画出来的单一图景的各个细部。严格说来，这不正好是现代所谓的刑法？它的统一和独特的性格只能在它所置身的文化的本质中去寻找。

古论物理之由，有主观决定与客观决定两派。《象山全集》卷二二："千万世之前有圣人出焉，同此心，同此理也；千万世之后，有圣人出焉，同此心，同此理也；东、南、西、北海有圣人出焉，同此心，同此理也。"[1] 这是主观决定论。《列子·汤问》："九土所资，或农或商，或田或渔，如冬裘夏葛，水舟陆车，默而得之，性而成之。"张湛注："夫方土所资，自然而能，故吴越之用舟，燕朔之乘马，得之于水陆之宜，不假学于贤智。慎列曰：'治水者茨防决塞，虽在夷貊，相似如一，学之于水，不学之于禹也。'"[2] 这是客观决定论。然而，就法律一类社会制度而言，真理似在此二者之间。

社会发展确实制约着法律的发展，法律亦不能不反映出特定的社会关系（如买卖、婚姻与收养等），但是，法律毕竟是人为的符号体系，其作用不只是反映，而且是指导。特定人群的道德好恶与价值判断，尽在其中。

中国古代的法律，即是古代中国人的主观价值追求与中国古代社会客观发展水平相互作用的结果。明白了这一点，我们便可以进一步去了解它的独特性，而不致仅仅满足于"诸法合体，民刑不分"这样一种简单的现成结论了。

---

1 转引自钱锺书《管锥编》第一册，第49页。
2 同上。

文 人 判

唐时开科取士,其择人有四事。一曰身——"取其体貌丰伟";二曰言——"取其词论辩正";三曰书——"取其楷法遒美";四曰判——"取其文理优长"。杜佑《通典》卷十五《选举三》云:"初,吏部选才,将亲其人,覆其吏事,始取州县案牍疑义,试其断割,而观其能否,此所以为判也。后日月寖久,选人猥多,案牍浅近,不足为难,乃采经籍古义,假设甲乙,令其判断。既而来者益众,而通经正籍又不足以为问,乃征僻书、曲学、隐伏之义问之,惟惧人之能知也。"判之工用如此,其为时人所看重也就容易理解了。试取唐人文集观之,内中多有"书判"。又有一位张鷟,所著《龙筋凤髓判》为一部"书判"专集,流传颇广。从这些材料里面,我们对于盛行于唐的这一种特殊的文体,可以有充分而真切的了解。下面就先抄录一道张鷟所作的判词。

> 通事舍人崔湜奏事口误，御史弹付法。大理断笞三十，征铜四斤。湜款：奏事虽误，不失事意。不伏征铜。
>
> 崔湜风神爽俊，词彩抑扬，雅调疏通，清音朗彻。裴楷之英姿肃肃，朝野羽仪；魏舒之容止堂堂，群寮领袖。自可曳裾紫禁，伏奏青规，助朝廷之光辉，赞明时之喉舌。芝泥发彩，宣凤藻而腾文；兰检浮香，润龙缣而动色。岂容金马之对，未被誉称，神羊之威，俄闻奏劾。罚金既丽于疏网，辨璧无舍于明珠。过误被弹，止当笞罪；不失事意，自合无辜。虽触凝霜，理宜清雪。

这种书判，讲究词章，注重用典，却不必具引律文，照顾现实。其为司法文书是虚，经营文章是实。明人刘允鹏称赞此书"辞极藻绚，用事奥赜"，并且为它作注，也是当一部文学书来对待的。只是，书判之为文章，实在是很特别的一类。就其中与狱讼有关者言之，案情固然出于虚构，应对者却要设身处地，假作判官。更重要的是，应试者一朝入仕，听讼折狱正是他须亲自去做的一件事情呢。《折狱龟鉴》卷八"严明"门内记有一案：

> 晋（按指五代之后晋）张希崇镇邠州。有民与郭氏为义子，自孩提以至成人。后因乖戾不受训，遣之。郭氏夫妇相继俱死，有嫡子已长。郭氏诸亲教义子讼，云"是真子"，欲分其财。前后数政不能决。希崇判曰："父

在已离，母死不至。虽云假子，辜二十年养育之恩；倘是亲儿，犯三千条悖逆之罪。甚为伤害名教，岂敢理认田园。其生涯尽付嫡子所有，讼者与其朋党，委法官以律定刑。"闻者皆服其断。

这种判词样式与唐人书判有直接的渊源关系。这一点，是书编撰者郑克在按语中说得清楚："唐制，选人试判三条，辞理惬当，决断明白，乃为合格，谓之拔萃。希崇之判，盖本于此。"五代去唐未远，我们由此推想唐代司法判决的样式，或者大体不差。实际上，这种颇具文学意味的书判不但当时就入于大堂，其传统更流衍于后世，因此形成古代法律文献中色彩绚丽的一支。

清人蒲松龄在其名篇《胭脂》中尝引当时人施闰章判词一道。这则判语虽然有对曲折案情的详尽说明，却也像唐人书判一样，援经用事，文情并茂，对仗工整，音节铿锵，极尽文章之妙。判词涉及三人，篇幅颇大，我们且将与主人公胭脂有关的一段引录在下面：

> 胭脂：身犹未字，岁已及笄。以月殿之仙人，自应有郎似玉；原霓裳之旧队，何愁贮屋无金？而乃感关雎而念好逑，竟绕春婆之梦；怨摽梅而思吉士，遂离倩女之魂。为因一线缠萦，致使群魔交至。争妇女之颜色，恐失"胭脂"；惹鸳鸯鸟之纷飞，并托"秋隼"。莲钩摘去，

难保一瓣之香;铁限敲来,几破连城之玉。嵌红豆于骰子,相思骨竟作厉阶;丧乔木于斧斤,可憎才真成祸水!葳蕤自守,幸白璧之无瑕;缧绁苦争,喜锦衾之可覆。嘉其入门之拒,犹洁白之情人;遂其掷果之心,亦风流之雅事。仰彼邑令,作尔冰人。

施氏乃顺治进士,授刑部主事,史载其以文学饰吏治,所至有惠绩。他所为之判语虽然入时人之笔记、小说,却不尽是出于假设。这是它不同于唐人书判而值得我们注意的地方。当然,我们也可以举出另外一种类型的判词,如清《刑案汇览》一类文献中收录的那种。这类判词更注重叙述事实,引用律条,因此也更近于公文程式。事实上,今人所见唐以后判词,其文字的式样与风格,似乎可以这样分别为二。

唐人应试而虚拟之书判可谓多矣,当时人判案的记录却甚少见。收集和整理实际的司法判决,且以之刊刻行世,这种做法大约南宋始有。宋理宗景定二年署名"幔亭曾孙"刻印的《名公书判清明集》为已知最早的一种。是书所收书判,用词浅近,文风质朴,于实际社会生活最为切近。后来一些清人判牍以及《刑案汇览》等的文字风格,大体上是这种传统的延续。只是,《名公书判清明集》的纂者,着重于判决的"清明"而非文采,取舍之间自然有所排斥。北宋苏轼通判杭州时,曾审断过一起风流和尚杀人案,据闻其判词是这样的:

这个秃奴，修行忒煞，云山顶空持戒。只因迷恋玉楼人，鹑衣百结浑无奈。毒手伤心，花容粉碎，色空空色今安在。臂间刺道苦相思，这回还了相思债。[1]

将判词写成小调的做法定然不为《清明集》编纂者所接受，但那毕竟也是真实生活的一面，不可以忽视。再退一步看，《名公书判清明集》收录的材料，纵然有别于唐人书判乃至同时代人如苏轼所写的那一类判语，却也不是现代人惯见的那种枯燥刻板、技术性很强的公文。我们且看其中刘后村氏写的一则判语：

棠棣之华，鄂不韡韡。凡今之人，莫如兄弟，岂非天伦之至爱，举天下无越于此乎！徐端之一弟、一兄，皆以儒学发身，可谓白屋起家者之盛事，新安教授乃其季氏也。鸿雁行飞，一日千里，门户寖寖荣盛，徐端此身何患其不温饱，而弟亦何忍坐视其兄而不养乎？埙以倡之，篪以和之，此天机自然之应也。今乃肆作弗靖，视之如仇敌，乘其迓从之来，陵虐之状，殊骇听闻。且其家起自寒素，生理至微，乡曲所共知也。端谓其游从就学之日，用过众钱一千缗，是时双亲无恙，纵公家有教导之费，父实主之，今乃责偿，以此恩爱何在？况徐

---

[1] 转引自林语堂《苏东坡传》。

教授执出伯兄前后家书，具言其家窘束之状，历历如此，徐端虽厕身吏役，惟利之饕，岂得不知同气之大义，颠冥错乱，绝灭天理，一至于此乎？前此见于两府判之详议者至矣，尽矣，州家恐为风教之羞，且从金厅所申，修以和议。过此以往，或徐端更肆无厌之欲，嚣讼不已，明正典刑，有司之所不容故息也。[1]

比较唐人书判，这样的判词可以说是极尽朴素了，这或者可以部分地表明撰者立场由应试士子到务实判官的转移。但是既然它仍保有浓重的文学色彩，我们说这种变化同时又是一般文风演变的结果，也有几分道理。

《名公书判清明集》于元代增修重刻，内中增收元人判语，可惜元刻本不传。明代，此书连同年代更早的《龙筋凤髓判》皆得重刻。对于这两种不同类型的书判，明人似乎并未有偏废其中任何一种的意思。万历乙酉年，有人为复刻《龙筋凤髓判》作了一篇很有意思的序，其文云：

> 夫艺林一些语，媺逾禁脔。斑管片言，芳同芍药。故冯真写臆，度金石而俱铿，摭实摅辞，并贞明而不毁。况乎据案濡毫，临时措语，凶吉系乎挥洒，升坠系于毫芒。苟非鉴出至明，洞无遗熙，何以压人心于一世，树

---

[1] 《名公书判清明集》卷十。

公论于千载乎？故并判为士尚，盛自前朝，而取列诸科，制仍昭代。盖自服官莅事，势所当工，逢掖待扬，理宜先熟者也。

这一篇序文，前半说文章之妙，后半论治道之极，并不曾分别文章、政事为二。显然在这位序人的眼里，唐人书判不只是好文章。

明代刊刻的《刑台法律》一书，为《大明律》的一部官颁分类释注。其中不但收有多种官府文书格式，而且于律文之上，辄列相关之告示、判语等。这些标准式样的判语，应当是具有典型意义的。现在我们就信手引录一则题为《收养孤老》的判语，看它的面貌是怎样的。

品物咸亨，若乾坤之覆载；兆民有赖，若雨露之沾濡。故燕昭问孤于复国之初，而勾践眷老于事毕之后。……今某忝为司牧之官，深昧子民之养。晋国翳桑之子，几于道旁；齐途蒙袂之夫，何曾念及。佌离中谷，叹不遇于淑人；居处此邦，思爰得乎乐土。是不知课考阳城之最，以抚字为心劳，而况于恩推张载之余，以父母为王道。既犯桓霸之命，宜罪商君之残。

这样的判语可以直接移入话本小说中，只是撰者的意思，一定不是想要为市井小民的娱乐提供素材。

清人判牍传世者多有，其中，风格式样与唐人书判接近的不在少数。上文所引清人施闰章的判语就属于这样的一类。下面我们再从各不相同的材料来源里面引录几则判语，看唐人书判的精神与风姿如何表现在实际的法律生活之中，以及，古代法律中的这一种传统是怎样流传久远、影响广泛。

清人蒯德模《吴中判牍》：

> 顾闰寿已许字于程士林，依其母顾郭氏避乱于朱云岩家，乃郭氏则以绕膝幽兰，移栽别馆，朱某竟以投林小鸟，畜作家禽。……苏城克复，其嫡子顾恩湛原聘程士林，均以奸占为辞，断归吁请。惟查程生本未亲迎，顾女业经生子。十年未字，梦不到夫蘼芜；一索得男，感已深于茉莒。倘谓牛耳先执，则呱呱在抱，竟将置于何人，责以雀角怎穿，则明明有词，尚谓禀之自母。世间有烈女子，或律以从一之义，则水火堪虞，天下多美妇人，何必取此已嫁之身。而中冓可羞，因生成熟，白璧尚属无瑕，舍旧谋新，黄金何难再买，断还聘金，另觅佳偶。[1]

又，光绪初，鄞县陈康祺令昭文。邑绅庞钟焕有家塾，塾师名金菊如。一日，金归而病，庞久持待不至，疑与其姬

---

[1] 转引自陈鹏《中国婚姻史稿》。

人银荷有染，畏罪而逃也。控之于县署，陈讯得真情，判曰：

> 庞钟焕控金菊如一案，研讯数堂，迄无确供。中冓不可言，何况事无实据，缧绁非其罪，肯教士也含冤？本县观金菊如章句书生，乡村学究，适子之馆，未及半年，招我由房，难通一面。纵使国风好色，岂忘君子怀刑。庞周氏貌尚端庄，年非韶绮，久已与庞公而偕伉，何至见金夫不有躬？庞钟焕生长阀阅，身受崇封，到堂数言，亦知大体，决不因主宾失好，自污二人。大约别嫌明微者，名门之家范，争妍妒宠者，妇女之恒情。周氏附中妇大妇之班，久抱衾裯而怨命，金生少经师人师之化，惟凭夏楚以伸威。此豸娟娟，或偶具先生之馔，群雌粥粥，遂疑逾东家之墙。偏听人言，恐疏闲范，嫌疑原当自白，防闲不厌过严。投牒公堂，初非好讼，众口雷同，两心冰释。炎凉异性，荷菊非并蒂之花，贵贱殊形，金银岂一炉之汞？宾东未洽，别聘名师，婢妾无辜，仍还旧主。倘该封职专房有属，无调象驯师之术，何妨开阁放姬？尔童生就馆不终，遇瓜田李下之嫌，益宜守身如玉。[1]

这样的判词直到清季依然流行普遍。近人冯友兰回忆其

---

1 徐珂：《清稗类钞·狱讼类》，"庞钟焕控金菊如案"条。

父知崇阳县时审一桩三角恋爱案的情形,说他的判词是一篇四六骈体文章。文章先叙述事情的经过,然后判云:

> 呜呼!玷白璧以多瑕,厉实阶离魂倩女;棼朱丝而不治,罪应坐月下老人。所有两造不合之处,俱各免议。此谕。[1]

冯氏还说,这件案子和这篇堂谕,如果蒲松龄看见,可以入《聊斋志异》。这话真是对极了。

《籍川笑林》记儒、道、释、吏同席行令,儒者曰:"上以风化下,下以风刺上。"道士曰:"道可道,非常道。"释曰:"色即是空,空即是色。"吏曰:"牒件上,如前谨牒。"大抵世人行事,受其教育背景的影响是无可避免的事情。历来中国的官吏,都是由读书人充任。为官的资格,不在于是否接受过专门的训练,而在于是否熟读经史、工于文章。其结果,中国古代的司法判决便具有了一种特别的风貌。就本文引录的这类判词来说(它们在全部司法判决里面肯定占有一个很大的比重),它们虽然也像古今所有民族的法律判决一样叙述事实、适用法律,但同时又是文人的作品。它们的式样一面受一个时代文风的影响,一面也反映出作者个人的文学趣味和修养。也许,我们可以恰如其分地把它们叫作"文

---

[1] 冯友兰:《三松堂自序》。

人判"。

虽然"文人判"的特征首先表现在形式上面,它的实际意义却要深远得多。因为形式不是一种可有可无的东西,事物的性质往往缘形式而定。作为一种历史的产物,"文人判"反映出中国古代法律乃至传统文化的某种特点,这是没有问题的。然而更重要的是,"文人判"本身即是这法律与文化的一个部分,并且是一个能动的部分。它一旦形成,便对此一种法律和文化发生持久的影响,其广度与深度,不容我们低估。在这一层意义上,我们或者也应当重新看待和评估唐人的书判。

妙 判 （一）

古人判案以文人为之，是以在条法与人情之外，同样地注重文辞。妙判一出，往往脍炙人口，传诵一时，即使百代之下，读之亦令人拍案叫绝。《湖海新闻夷坚续志》记云：

> 苏东坡通判钱塘日，尝权领郡事。新太守将至，营妓陈状，以年老乞出籍从良，公即判云："五日京兆，判状不难；九尾野狐，从良任便。"又有周生，色艺为一郡之最，闻之亦陈状，欲效例脱籍。公惜其去，判云："慕周南之化，此意诚可嘉；空冀北之群，所请宜不允。"其敏捷善谑如此。

《清稗类钞·狱讼类》之"闽中发冢开棺案"条亦记有一事，说的是文诚公丁宝桢抚闽时，某县有发冢开棺剥取尸身衣饰一案。县幕欲为令规避处分，设法于呈文中避去发冢开棺字样，其详文有云"勘得某处有厝棺一具。棺材后壁凿有一孔，围圆一寸三分，据尸亲某某供称，尸身头上，失少金簪一支，显系该贼由穴孔伸手入内，拔取金簪，得赃逃逸。除悬赏购缉外，理合勘明详报"云云。丁氏阅过呈文，于牍尾批云：

> 以围圆一寸三分之穴孔，竟能伸手入内，天下无此小手；棺后伸手，拔取尸身头上金簪，天下无此长手。该令太不晓事，应即撤任，候饬司遴员接署，另行勘详。

幕吏狡猾，欲盖弥彰，岂料弄巧成拙，真是聪明反被聪明误。丁氏明察，更且幽默，所撰批判可以入绝妙好词。又有些判语，应对巧妙，机锋不露，亦为人所传诵。明人江盈科所撰《雪涛谐史》，内中有一则云：

> 嘉靖间一御史，蜀人也，有口才。中贵某，欲讥御史，乃缚一鼠虫，曰："此鼠咬毁余衣服，请御史判罪。"御史判曰："此鼠若问笞杖徒流太轻，问凌迟绞斩太重，下他腐刑。"中贵知其讥己，然亦服其判断之妙。[1]

把这种做法再推进一步，则判语就近于文字游戏了。《雅

---

[1] 引据王利器辑录《历代笑语集》。

谑》中"带枷和尚"条云：

> 一僧犯罪，枷号县前，央乡官说方便，与县令叙情而别，送至门前，问曰："和尚是出家人，怎么带了枷？"县令曰："他本是无发的，如今犯了法。"[1]

更让人叫绝的是见于《籍川笑林》的一则"决水灌田伏罪状"。有顽民因天旱，盗决人水灌田，为主执赴。伏罪状云：

> 右某，只因天亢律吕调（阳），切虑田苗宇宙洪（荒），遂偷某人金生丽（水），致得其人寸阴是（竞），念某不识始制文（字），今来甘认吊民伐（罪），一听本官忠则尽（命）。[2]

这篇"伏罪状"系糅合《千字文》写成，其手法与一般文人惯作的其他文字游戏并无不同。虽然这样的例子可能属于极端的一类，但我们只要明了古时文章与书判的相通之处，知道所谓"文人判"是怎么一回事情，就可以了解到在何种意义与何种程度上，它们也是真实可信的。

身为文人的法官既然注重判词的文章之美、经营之妙，

---

[1] 同上。
[2] 同上。

其易于受到巧妙应对的影响也就十分自然了。宋人范正敏《遯斋闲览》记一书生因盗绢被执，太守令作赋，获免，其警对云："窥户而阒无人，心乎爱矣；见利而忘其义，卷而怀之。"这应当不是出于虚构。古法，士人犯罪，可以请求"引试"而得减免。《名公书判清明集》卷十一记一乡下豪横名胡大发者，以"轮门恐吓，骗取财物"等因被执，自称是士人，习诗赋，被令当庭赋《讼终凶》诗。其诗云：

> 天与水违讼，分明万象重。始焉微不审，终也遂成凶。
> 有事须求直，无瑕不可攻。昏迷弗知返，悔吝乃相从。
> 中吉当能悟，大贤何不容。圣行使无讼，今日幸遭逢。

主管官判云"粗通"，令决竹篦二十。比较原来应处之徒刑，这个判决可以说轻到了无以复加的程度，但是与上面那个作赋而后获免的盗绢书生相比，胡某就没有那样幸运了。可见在同样情况下，诗赋的工拙也是影响判决的一个因素。

《雅谑》记云：

> 杭有一妇，夫死未终七，即嫁。被讼于官，浼金编修为居间。临审时，金伴问问官云："此辈何事？"官曰："丈夫身死未终七，嫁与对门王卖华。"金曰："月移花影

上栏杆,春色恼人眠不得。"官笑而从末减。[1]

此虽是引用旧诗,却用得恰到好处。"官笑而从末减",也是颇有人情味的。

---

[1] 同上。

妙 判 （二）

司马光《涑水纪闻》卷七记有张齐贤断案事迹一则。张为丞相时，外戚有为分财不均而讼者，屡断不能决，官司一直打到宋真宗那里。张请自理，乃召讼者于相府，问两造是否都认为对方所得多于自己，二人都说"是"。张即命二人写定供状，然后调换二人所分财产，交换文契，于是诉讼便止息了。明人江东伟引了这一则故事，并且判说："此案难翻。"[1] 这则材料还见于宋人郑克所撰《折狱龟鉴》卷八。郑氏又引曾肇撰《王延禧朝议墓志》云："延禧任岳州沅江令时，有兄弟分财者。弟弱，所得田下，诉不均，诘其兄，曰'均矣'。即令二人以所得更取之。"这也是不容翻案的一例。均与不均，义与不义，各人心中自知，无需明白晓谕，而令"各得其所"，这样的裁判也可以称得上妙判了。

古人执法辄参以天理人情，尤其是在州县一级地方衙门，所涉为钱债、田土一类"细故"，法官的自由裁量余地最大。

1　江东伟：《芙蓉镜寓言》。

当此时,明敏善诡的法官,往往独出心裁,巧为安排,令观者叫绝。《清稗类钞·狱讼类》中"何晴岩游戏判案"条记云:

> 明奸党赵文华,慈溪人,其后嗣颇兴盛,且有列名仕版者,甲其一也。甲本驵侩,纳赀得同知职衔,出入县署,颇以士绅自居。一日,其邻村演剧,甲往观之,适演《鸣凤记》,至文华拜严嵩为义父时,描摹龌龊形状,淋漓尽致。甲大怒,谓其辱及先人,不可不报,次日,执全班子弟,送县请究。县令何晴岩,汴之名进士也,笑谓甲曰:"伶人大胆,敢辱君家先人,宜枷责,方足蔽辜。"甲拜谢,何升堂,提伶人至,命仍服饰文华时之服,纱帽红袍,荷以巨枷,枷额大书"明朝误国奸臣赵文华一名",枷号示众,且命押赴赵氏宗祠前荷枷三月。甲大窘,浼人恳求,乃罚令出瓦三万片修文庙,始得释。

以现代人的立场来看,这样的案子可以归于诽谤诉讼一类,处理的办法,要么判罚被告的一方,要么驳回原告的请求,上面这样的处分都是不可以想象的。问题是,现代法律以人权作为依据,古代法则否。这不是说古人不讲求正义,而是说他们另有标准。所以上面这样一种处置的办法,在古人不但是可以接受的,而且是值得称道的。应当注意的是,这样的案子当时也可以有另一种判法，比如判云"他人演剧，干尔何事，所请不准"云云。本案偏如此判决，正显示出判者的幽默与智慧。

我们再看一个例子：河南曹怀朴宰闽县时，一日出行，途中遇甲、乙二人争执。提问之，甲自陈拾金约五十两，在此守候失者，及失者乙来，即付以原金。未料乙反复审视后诈言所失倍于此，遂纠缠不休。曹氏问乙所失是否确为百两，乙十分肯定，曹氏遂语甲曰："彼所失为百两，与此不符，此必为他人所失，其人不来，汝姑取之。"甲遂持金而去。曹氏固已看破乙讹诈之心，却不即刻说破，亦不明白予以呵责。结果却是令不义之人非但丧失所有，而且有苦难言。这样的处断虽不合现代人标准，在古人看来必定是明正公允的。[1]

审之以道德，辨之以真伪，断之以是非，这或者是一般清明的判官可以做到的，但在这样做时不露声色，欲抑先扬，寓贬于褒，执法于"游戏"之中，却需要别一种智慧。清人所著《笑笑录》卷五"还磕头"条记一事：

> 华亭知县许公治以廉明称，民无谤讟。有某武生，扭乡人来禀。许悉其人，因询何事，某云："我行街上，伊担粪污我衣。"许拍案曰："尔乡氓安得漫不经心，致坏相公衣，应重责不贷。"乡人哀求甚切，曰："然则尔愿罚乎？可向相公叩首一百下。"即令某南向坐，乡人叩首

---

[1] 徐珂：《清稗类钞·狱讼类》，"闽县拾金案"条。

于下，俾役数之，至七十余，曰："止！我亦鹘突，犹未问尔是文生？抑武生？"某对以武，曰："误矣，文生值叩一百，若武只须五十耳，当还叩二十。"又令乡人南向坐，某叩首于下。某不肯，两役交捺之，叩毕，武生悻悻而去。[1]

《清稗类钞·狱讼类》记鄞县令段光清廉明事迹一则，与此有异曲同工之妙。乡人甲与店主乙争讼。甲不慎踏死乙之雏鸡一只，乙称鸡雏虽小，厥种特异，饲之数月，重可达九斤。依时价，鸡一斤值钱百文，故索偿百钱。段氏问明底里，以为索偿之数不为过，令甲遵赔。事毕，段氏忽又唤回甲乙二人，曰："汝之鸡虽饲数月而可得九斤，今则未尝饲至九斤也。谚有云'斗米斤鸡'。饲鸡一斤者，例须米一斗，今汝鸡已毙，不复用饲，岂非省却米九斗乎？鸡毙得偿，而又省米，事太便宜，汝应以米九斗还乡人，方为两得其平也。"乙语塞，只得遵判而行。

据我们对历史的了解，这类材料不独在逻辑上是真实的，在历史上也应当是可信的。然而它们当时只是入于稗官野史、笔记小说，后来亦不易获得历史家们的重视，终究是一件十分可惜的事情。

---

[1] 引据王利器辑录《历代笑话集》。

释　讼

一般民间词讼，两造相争，或为利财，或受激忿，要以公心听断，务使两平，已经很不容易，若欲晓之以理，动之以情，释纷争于堂上，化干戈为玉帛，那就更不简单了。古之循吏有儒者的人格，最善以德化人，历来备受称道，同时亦有一班文人，他们行事的方式或许偏挥洒、浪漫，服官任事却也不离于中道。看他们释讼，可以体会到另一种智慧。

苏东坡任职杭州时曾有一案。一扇子店主某欠债不偿，被控到官。其人报告苦况云，年前父亲去世，留下债务若干。今春天多雨，扇子无销路，偿还不能，实出无奈。苏东坡听毕，并不责怪，却命他取一捆扇子来。扇子取到，苏东坡即濡墨挥毫，不多时间，便将二十把团扇扇面题写画成，遂交与店主某，令拿去还债。当时人听到这消息，早已候在门外，所以那些扇子一拿出门，立刻就被抢购一空。[1] 这样的结局真

---

[1] 事见林语堂《苏东坡传》。

是皆大欢喜。这种理讼的方式却也只有文人可以想得出。

类似这种文人的浪漫释讼法,在苏东坡不止一例,历史上更是屡见不鲜。清人袁子才有文名,亦有折狱才,其善为调处的事迹屡见于清代文献,比如下面这一例:

> 某年五月十日,天大风,白日晦冥。江宁有韩氏者,被风吹至铜井村,村去城九十里,明日,村人送之归。女已字李秀才子,李疑风不能吹人远去,必有奸,因控之县。袁曰:"古有风吹女子至六十里者,汝知之乎?"李不信,袁取元郝文忠公《陵川集》示之曰:"郝公一代名臣,宁作诓语?第当年风吹吴门女,竟嫁宰相,恐汝子无福耳。"秀才读诗大喜,姻好如故。[1]

当时任总督的文端公尹继善听说此事后评曰:"可谓宰官必用读书人矣。"[2] 知识固然重要,只是在这类情形下面,须有想象力作补充,幽默感来调和,事情才能够圆满。清人毛祥麟《墨余录》中所记一事就极典型。

> 荆州王华宇,善摹古画,尝作《湘中八景图》求售,称石田翁真笔。写衡湘山水,幽奇浩远,洞庭以南,潇湘以北,南岳九嶷,遥相对峙;烟云万状,尺幅千里,

---

[1] 徐珂:《清稗类钞·狱讼类》,"袁子才有折狱才"条。
[2] 同上。

诚大观也。有朱章者，以银二百两质之，宝若珍珉。继有吴江张清之，一见而指为赝，朱大悔恨，迫王取赎，王不能应，遂讼之县。时徐公余宰其地，谓朱曰："收藏书画，雅事也。因之涉讼，俗甚矣！汝不知前人笔墨伪者居多，古今赏鉴家受人欺者过半。然必多方掩饰，自矜目力胜人，彼以为假，我独识其真。盖自愚即可愚人，此千古收藏家之秘诀也。汝欲效颦，而未得其法，岂不贻笑大方？况细观此图，不让石田笔意。湘中得此，恰为真山写一好景，又何必论其真伪耶？试以余言作一跋，此画亦足珍重否？"朱欢跃而起，徐公书而归之。余谓作赝本能乱真，亦称奇技。若朱之吝银迫赎，不学甚焉。而徐公以隽语解纷，使骨董行中，又添一段佳话，真贤令，亦雅士也。

使民不争是中国文化的理想，古代法律自然不鼓励争讼情事，这其中就包括，听断之人依据案情妥为调处，在解决一件讼事的同时，更努力根绝争讼之源。能够把握和贯彻这一种精神的，就可以称之为贤，而能以近于浪漫的方式去实践这一原则的，一定是文人雅士了。

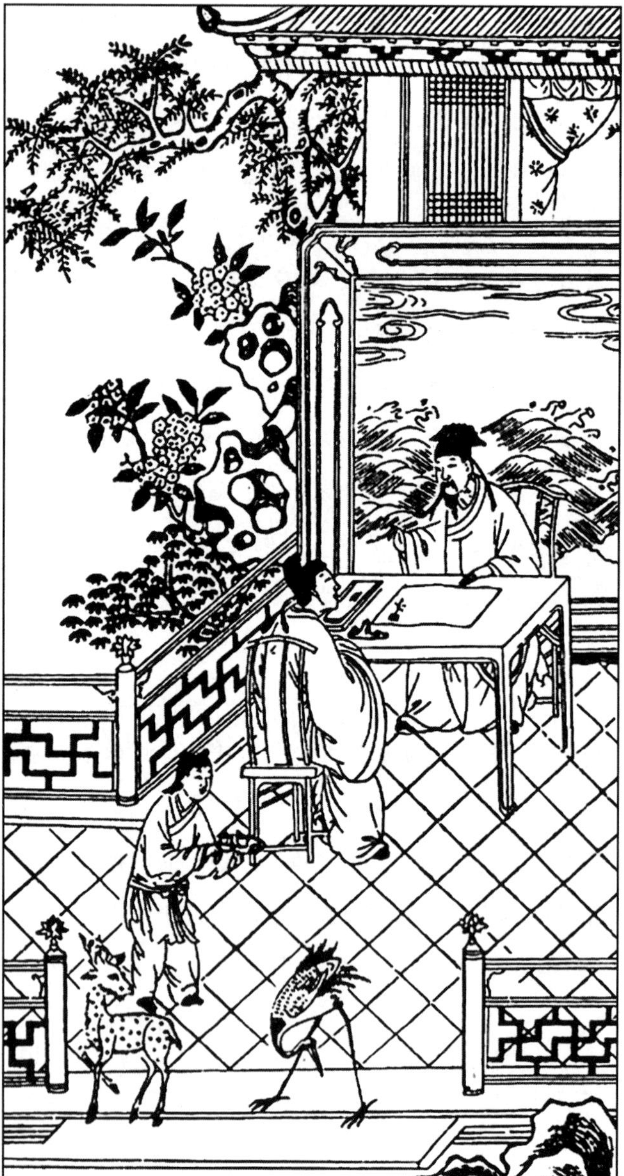

另一种文人判

世上有清官，然贪官、昏官更多。此等人听讼，受财听嘱，徇私枉法，大者草菅人命、杀害无辜，小者混淆是非、不辨曲直。又有强词夺理，胡搅蛮缠者，所为批判可气而又可笑。

冯梦龙《古今谭概·鸷忍部》记云：

隋燕荣为幽州总管，道次见丛荆堪为笞箠，取以试人，人自陈无罪，荣曰："后有罪当免。"及后犯细过，将挞之，人曰："前许见宥。"荣曰："无过尚尔，况有过乎？"榜捶如初。

周兴性酷，每法外立刑，人号牛头阿婆。百姓怨谤，兴乃榜门判曰："被告之人，问皆称枉，斩决之后，咸息无言。"

强词夺理如此，道地的强盗逻辑。又有在言语、文辞上面做文章的。明人赵南星所撰《笑赞》，记二人各带资本，出外买卖，离家日远，行到无人处，此人将那人打死，取其资本，得利而回，向那人家说某人"不幸病死"。那人家也不猜疑。后此人又将那人的妻娶了。不料那人只是受伤，未曾死去，待得伤好，归来告官云："图财打死，强娶其妻。"官将告人重责，问作诬告，批状云："既云打死，如何尚在？娶用财礼，何为强娶？"不知这狗官得了被告几多银子。

又，《笑林广记》卷一：

> 一官出朱票取赤金二锭，铺户送讫，当堂领价。官问价值几何，铺家曰："平价该若干，今系老爷取用，只领半价可也。"官顾左右曰："这等发一锭还他。"发金后，铺户仍候领价，官曰："价已发过了。"铺家曰："并未曾发。"官怒曰："刁奴才，你说只领半价，故发一锭还你，抵了一半价钱，本县不曾亏了你，如何胡缠，快撵出去。"[1]

这些材料入于笑林，流传广远，大约去其现实的表现已经有了些距离。不过在某一种意义上面，它们却又是真实可信的。只就其形式而言，古时的司法判决，很大一部分颇具文学色彩，这其中就包括利用文字的高深技巧，并缘情势而

---

1 引据王利器辑录《历代笑话集》。

作出灵活的处理。对同一个案件，清官循吏是一种判法，昏官酷吏又是一种判法，只是二者之中，未尝没有某种一致性。这一点并不奇怪，文化原本是统一的。

诗可以为治

《湖海新闻夷坚续志》后集卷二记真德秀事迹云：

真西山帅长沙，宴十二邑宰于湘江亭，作诗曰："从来官吏与斯民，本是同胞一体亲。既以脂膏供尔禄，须知痛痒切吾身。此邦素号唐朝古，我辈当如汉吏循。今日湘亭一杯酒，便烦散作十分春。"可谓爱民之念深矣，邑宰皆为感动。

史载德秀立朝有直声，游宦所至，惠政深洽。这一条可以视为例证。同书又记米芾为政一事：

米元章为雍丘令，蝗虫大起，百姓忧之。邻县尉司焚瘗后，仍旧滋蔓，责保正并力捕除。或言尽缘雍丘驱逐过此，尉移文载保正之语而牒雍丘，请各行打扑收埋本处地分，勿以邻国为壑。时元章方与客饭，视牒大笑，取笔大书其后云："蝗虫元是飞空物，天遣来为百姓灾。本县若还驱得去，贵司却请打回来。"

这样敏捷善谑的批文，传至邻县尉司，定然比洋洋数千言的交涉公文更容易奏效罢。

古者，诗不但是文艺的一种，更兼有伦理的和政治的功用。孔子认为，"《诗》可以兴，可以观，可以群，可以怨，迩之事父，远之事君"。这不但是《诗经》的传统，也是古代诗的一般功能。历代的读书人，平日饱览诗书，一朝服官任事，自然将所学用于政事。《诗》之传统发扬光大于后世，实在也是顺理成章的事情。

《清稗类钞·狱讼类》记有赋诗为政之事数则，兹引录二则于下：

> 李申甫名榕，尝布政湖南，檄州县，令以讼系者悉具姓名以闻。有某县系囚独多，榕书绝句于册首云："虎柙几曾疏槛禁，蛛丝何必苦胶粘。相期夏箨朝朝解，莫似春潮夜夜添。"令惭惧，为之发落而释者日数人，半月皆尽。

> 嘉庆朝，宋霭若任四川简州牧，有积案猾贼，不畏严刑，以不能得其实，乃于公案取锦笺十幅，诗韵一部，

前列四役，旁侍一童以讯贼。贼无言，先作绝句二首，再讯之，贼无言，继作五七律各一首，又讯之，贼无言，乃作短古一首，贼竟无言，更作长七古一首，朗诵不已，遂不复讯。时漏已三转，旁侍之胥役皆倦，而贼不觉泣下，自言不畏严而畏清也，乃具言其事。

诗之功效如此，显然有其特别之处。虽然古之治道内容宏富，古人治国自有制度，诗的特殊运用却也是这政制安排的一项，不容我们忽视。

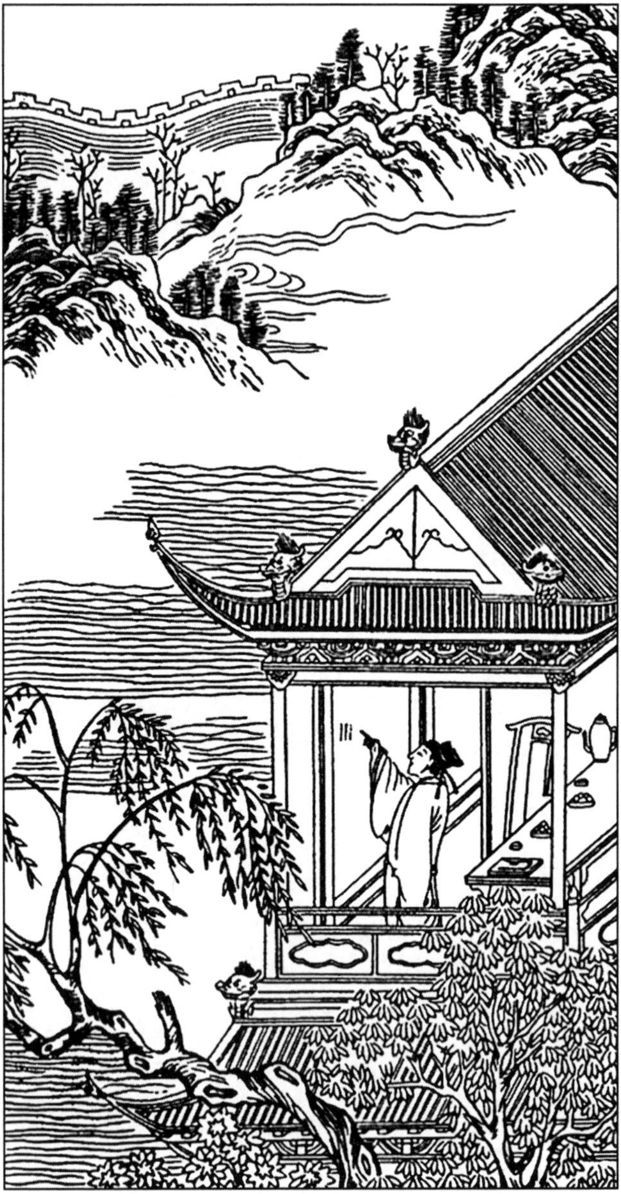

诗　谳

人类历史上，有思想而后有思想罪，有文字以后有文字狱。以诗获罪的事情，想必也是古已有之。只是，这样的事在中国，一定比在别国更有传统，它的历史，也一定更丰富、更曲折。因为中国古代的诗歌，原本就具有讽咏刺上的功能；历史上的诗人，又多半具有国家官员的身份。古诗之于当时的社会生活与政治生活，意义非同一般。

中国最早的诗歌总集《诗经》，据说是经孔子一手删定。孔子这样做的意思，怕不只是为了保存文学遗产，就好比他笔削《春秋》，也不单是为了传与后人一部史书一样。据汉儒的看法，《诗》三百五篇，无不与治道有关。不过在孔子那个时代，似乎还不曾听因诗获罪的事情。秦始皇灭六国，一统天下，然后有著名的焚书法令。始皇三十四年，宰相李斯奏请遍烧民间《诗》、《书》、百家语，令下三十日不烧，黥为城旦，有敢偶语《诗》《书》者弃市，以古非今者族。法家的政策，是要实行彻底的思想统制，禁绝一切私学，只允许有一种声音，那就是官府的声音。《诗经》虽然是古代的文学典籍，但它从来都是讽刺的一种工具，自然在禁毁之列。推想起来，当时的《诗》狱定然不在少数。

唐代文学，以诗歌最为辉煌，那也是中国诗史上的黄金时代。经历了这一个时代以后，诗就成为古代社会中最流行的一种文学式样。换句话说，诗成了当时知识分子表达其思想和情感最方便最直接的手段之一。历史上以诗得咎乃至因诗获罪的事情，从此便益发地多见了。

宋代诗狱颇多，最著名的可能是大诗人苏轼的一桩案子。据东坡先生年谱：

> 元丰二年己未，先生四十四岁。七月，太子中允权监察御史何大正、舒亶，谏议大夫李定，言公作为诗文，谤讪朝政及中外臣僚，无所畏惮。国子博士李宜之状亦上。七月二日奉圣旨送御史台根勘，二十八日皇甫遵到湖州追之。过南京，文定张公上札，范蜀公上书救之。八月十八日赴台狱时，狱司必欲置之死地，煅炼久之不决，子由请以所赐爵赎之，而上亦终怜之，促具狱。十二月二十四日得旨，责检校尚书水部员外郎黄州团练副使，本州安置。

这一件诗案，不但危及苏轼本人的性命，而且牵涉当朝许多知名人士在内，是以轰动一时。宋人朋九万撰《东坡乌台诗案》，周紫芝则有《诗谳》，记录此事颇详。当时出面奏劾苏轼的主要人物之一舒亶提出如下具体指控：

> 陛下发钱，本以业贫民，则曰："赢得儿童语音好，一年强半在城中。"陛下明法以课群吏，则曰："读书万卷不读律，致君尧舜知无术。"陛下兴水利，则曰："造物若知明主意，应教斥卤变桑田。"陛下议盐铁，则曰："岂是闻韶解忘味，迩来三月食无盐。"

这里说的大约去事实不远，虽然苏东坡对于当时新政的看法也未必就错。相比之下，另外一类指控则完全是望文生义、无中生有了。苏轼有诗名《塔前古桧》诗云：

> 凛然相对敢相欺，直干凌云未要奇。
> 根到九泉无曲处，世间惟有蛰龙知。

时相王某以此告苏轼有"不臣之意"，其理由是："陛下飞龙在天，轼以为不知己，而求地下之蛰龙，非不臣而何？"幸而神宗皇帝没有听信这种说法，否则苏轼定然要遭灭族之祸了。

苏轼对于当日施行的政策有看法，借诗说几句牢骚话，竟差一点因此丢掉性命，这样的事情今天听来不合理，放在那时却很正常。苏东坡事后说了一段故事：

昔年过洛,见李公简,言真宗既东封,访天下隐者,杞人杨朴能为诗,召对,自言不能。上问临行有人作诗送卿否,朴曰:"惟臣妻有一首云:'更休落魄耽杯酒,且莫猖狂爱咏诗。今日捉将官里去,这回断送老头皮。'"上大笑,放还山。余在湖州,坐作诗追赴诏狱,妻子送余出门,皆哭,无以语之。顾谓妻子曰:"子独不能如杨处士妻,作一诗送我乎?"妻子不觉失笑,余乃出。[1]

诗人妙语解颐,不知是真有其事,还是事后编出的故事。不管怎样,当时的苏东坡真的是因为"爱咏诗"而差一点"断送老头皮"的。年谱云"狱司必欲置之死地"云云,正是事实。有趣的是,那位"能为诗"的杨朴深知诗可以为患,他能够被"放还山"却又是因了妻子的一首送别诗。在这方面,苏轼也有相仿的经历。东坡在狱中,自度性命难保,曾有一诗遗胞弟子由。诗云:"圣主如天万物春,小臣愚暗自亡身。百年未满先偿债,十口无归更累人。是处青山可藏骨,他年夜雨独伤神。与君今世为兄弟,更结来生未了因。"据说这首诀别诗被神宗皇帝读到,更生恻隐之心。东坡诗案初时声势浩大,末了判决却是轻描淡写,多少和这首"遗诗"有关。诗可以杀人,亦可以活人,它的力量真是现代人难以理解的。

---

[1] 以上材料均引据蔡正孙《诗林广记》后集卷之四。

历史上的诗狱或广而言之文字狱，渊源既久，流衍也长，至于清代又起大波澜，那也只是几百年前的事情。满人以异族入主中原，猜忌心特重，清代的文字狱因此也最为酷烈。所谓庄廷鑨明史案、戴名世《南山集》案等，只是其中较著名者，当时的读书人，动辄得咎，甚至编写字书、出题作对也可能招来杀身之祸。在这样的情形之下，诗案的发生自然屡见不鲜。风吹书页，上下不已，一书生见状吟道："清风不识字，何必来翻书。"其人因此受诛。这一则故事流传颇广。长洲诗人沈归愚，生时名满天下，且颇受当朝礼遇，其有咏黑牡丹诗云："夺朱非正色，异种也称王。"死后竟遭戮尸。昆山徐冠卿恃才狂放，怨者颇多，雍正初，怨家某以其诗有"明月有情远顾我，清风无意不留人"之句出首，徐氏因此被诛。华亭举人蔡显，得罪于郡绅。乾隆丁亥，摘其诗中"风雨从所好，南北杳难分"，并"莫教行化乌肠国，风雨龙王行怒嗔"等句，谓为隐约怨诽，情罪甚重，刑部拟以凌迟，改斩决。其门下士遭戍者二十余人。又，东台举人徐述夔咏明末时事诗中有"大明天子重相见，且把壶儿搁半边"，"明朝期振翮，一举去清都"等句。乾隆戊戌，东台令上其事，廷旨谓："'壶儿'即'胡'儿，含诽谤意。借'朝夕'之'朝'作'朝代'之'朝'，且不言'到清都'而言'去清都'，显有兴明朝去本朝之意，余语亦多悖逆，实为罪大恶极。"时述夔已卒，乃并其刊刻遗诗之子怀祖皆戮尸，其孙及校对者并江苏藩司陶某、改稿幕友陆某等一干人均处斩。[1] 这样的例子还可以举出许多,不过只上面这些材料已足使我们对于清代的诗狱有一种基本的认识了。

《龟山语录》云:"作诗不知《风》《雅》之意,不可以作诗。诗尚讽谏,惟言之者无罪,闻之者足以戒,乃为有补。若谏而涉于毁谤,闻者怒之,何补之有?观苏东坡诗,只是讥诮朝廷,殊无温柔笃厚之气。以此,人故得而罪之。"这种说法貌似有理,其实很不通。《诗》三百五篇,皆具温柔敦厚之旨,何以在秦时就成了焚毁的对象。所谓闻者怒与不怒,纯粹要看个人的心思,就连诗的有无温柔笃厚之气,也缺乏客观的标准。毕竟,诗只是诗人内心世界的一种表露。古人云:"诗者,志之所之也。在心为志,发言为诗。"加罪于诗,实是惩罚诗人的思想与情感。这与秦之焚书令,根本上是一样的。这一层,古人并不想予以否认。诛心之论,乃是以法律执行道德的一个自然结果,而以法律推行道德的做法,又是古代中国社会的一个基本特征。古人不曾有当今社会那种制度与观念、法律与实践以及言行之间的分裂,他们或许不同意某一具体案件的处理,或者不愿接受太多文字上的禁忌。但是一般说来,他们是把思想罪和文字狱视为当然的。这些,恐怕是古代诗案不绝于史的深一层的原因吧。

---

[1] 参见徐珂《清稗类钞·狱讼类》,"徐述夔一柱楼诗案"条。

五声听狱

古代法制未臻完善之时，证据法中多神迹。最常见的是对神起誓。其次是证之于神的水审法、火审法乃至决斗裁判法，其种类的繁多与形式的怪异，在今人看来十分费解。

我国古时，也有某种神明裁判的记载。据说，古时有灵兽名獬豸，似羊而一角，性知有罪，能别曲直，皋陶决讼时，其罪疑者令触之，有罪则触，无罪则不触。这法子不但怪异，而且近于荒诞，大可以归入传说一类。自然，这种办法对于后世的证据法不可能产生实际的影响。

在我国，最早关于证据法的文字记载见于《周礼·小司寇》，方法主要有二，其一谓"以五声听狱讼，求民情：一曰辞听，二曰色听，三曰气听，四曰耳听，五曰目听"；其二谓"以三刺断庶民狱讼之中：一曰讯群臣，二曰讯群吏，三曰讯万民；听民之所刺宥，以施上服下服之刑。"五听者见内心，搜自供的证据；三讯者审舆情，求外部的支持。这两种方法尽皆是理性的，可以持久，亦令人信服。不过，这两种方法又有难易的不同。讯万民，听万民之所刺宥者，大类孟子所谓"国人皆曰：可杀……然后杀之"之意，实行不易，亦未必合于治民的宗旨，不若五听之法，其职尽在法官一人，极便施行。明白了这一层，就可以部分地了解五声听狱之法得以流传后世的缘故。

《唐律疏议·断狱篇》："诸应讯囚者，必先以情，审察辞理，反复参验；犹未能决，事须讯问者，立案同判，然后拷讯。违者，杖六十。"《狱官令》更详言之："察狱之官，先备五听，又验诸证信，事状疑似，犹不首实者，然后拷掠。"这里的"五听"，正是《周礼》"以五声听狱讼"之"五声"，其要旨在于求民情。因而所谓"声"与"听"，并非真"听"，而指就其言辞气色，以耳目察之。具体言之，"辞听者观其出言，不直则烦也；色听者观其颜色，不直则赧然也；气听者观其气息，不直则惴也；耳听者观其听聆，不直则惑也；目听者观其眸子，视不直则眊然也"。

这一种听讼的办法，今天稍有法律常识的人看了，一定会哑然失笑，就是一般明理的民众大约也要因为它的易流于主观臆断而抱一种怀疑的态度。不过值得注意的是，古人是以严肃态度对待这种理讼办法的，他们把这种证据法庄严地放入他们的法典，不独是因为传统，也是因为信念，即相信这是一种合理而有效的证据法。孟子云："存乎人者，莫良于眸子，眸子不能掩其恶。胸中正，则眸子瞭焉；胸中不正，则眸子眊焉。听其言也，观其眸子，人焉廋哉？"[1] 我们还可以相信，这样一种信念在古代是得到反复验证的。史载，明惠帝为太孙时，抓获了七个盗贼，太孙审视了一番，对太祖曰："六人皆盗，其一非是。"经审讯果然如此，问他怎么知道的，他回答说："周礼听狱，色听为上，此人眸子瞭然，顾视端详，必非盗也。"[2] 倘用心搜集，这样的例子一定可以找出许多。当然，我们一点也不能因此判定这种听讼的方法是科学的，但是，倘若我们推断说，这样一种方法，其年代愈是久远，它的合理性的程度也就愈高，那是大致不差的。

五声听狱的方法，作为证据法的一种，越到后来，其弊端越是显见。社会生活的复杂性增加了，人心变得更难以揣度，辅之以刑讯的观相术也就愈来愈容易造成冤抑不平之狱，此时，只有传统与古老的信念恐不足以支持这种证据法。于是，我们可以注意到它的另外一种依据，一种功能上的依据。显然，看相式的听讼办法（当然还有"反复参验"等等）既容易实行，又便于造就立决的法官，此外再辅之以刑讯，更能够简化案情，省时省力省财，这就能在满足一般民众对于明敏断案的法官的期待的同时，避免在我们简陋的司法制度之上增加过重的负担。

最后，我们似乎还能为这种听讼法找出一种更为隐晦，也更加顽固的心理学上的依据。设想就在今天，倘若我们自

---

[1] 《孟子·离娄上》。
[2] 事见《明会典》卷六十五。转引自林咏荣《中国法制史》，第207页。

己而不是任何别人，高高坐在审判席上，我们能保证丝毫不受关于被告举止言谈的印象的影响吗？现代法律设置种种程序上的障碍来滤清最后裁判中个人的主观臆断，它在考虑保障人权的同时，不正表现了对于人性的不信任吗？

在我国，直到旧的社会结构和相应的司法组织为外力打破，直到上述新的法律精神传入，五声听狱之法才被完全地放弃。

清官断案

郑克《折狱龟鉴》卷六论断狱法云：

"凡推事有两：一察情，一据证。审其曲直，以定是非。"据证者，核奸用之；察情者，摘奸用之。盖证或难凭，而情亦难见，于是用谲以摘其伏，然后得之。此三事也。

以察情、据证、用谲三事为古人治狱的基本手段，可以说是颇有概括力的。下面就引些史料来看。先说察情。

魏胡质为常山太守，迁任东莞。士庐显为人所杀，质曰："此士无仇而有少妻，所以死乎？"悉集其比居少年。书吏李若见问而色动，遂穷诘情状，若即自首，罪人斯得。

> 蔡高调福州长溪尉。民有夫妇皆出，而盗杀其守舍子者。高亟召里民毕会，环坐而熟视之，指一人曰："此杀人者也。"讯之果服。[1]

这两个例子里面，罪犯的察知都是由辞色之间获得，理论基础即是所谓"五声听狱"的那种。可惜这两则史料都太简略，关于"穷诘情状"一节皆语焉不详。推想起来，察情一项的内容应当是很丰富的。

> 唐怀州河内县董行成善察盗。有人从河阳长店盗一驴并囊袋，天欲晓，至怀州。行成市中见之，叱曰："彼贼住！"盗下驴，即承伏。少顷，驴主寻踪至。或问何以知之，曰："此驴行急而汗，非长行也；见人即引驴远过，怯也。是故知其为盗也。"[2]

这也是"察情"法的一种，只是其侦察的范围，较狭义的辞色要广泛一些。近世西方有虚构人物神探福尔摩斯，常能于言谈行色之间立下判断，其理正与此相类。不同的是，福尔摩斯没有生活在中国古代，更不具有中国古时地方官的职责与威权，否则，其事迹入于《折狱龟鉴》的一定不少。

比较"察情"更具确定性的方法乃是"据证"，虽然说到具体手法，并无一定之规，大抵缘情设法，因人而异。《折狱

---

[1] 二事均引自郑克《折狱龟鉴》卷六。
[2] 郑克：《折狱龟鉴》卷七。

龟鉴》卷六"证慝"门下记有一事：

> 张举，吴人也，为句章令。有妻杀夫，因放火烧舍，称火烧夫死。夫家疑之，诉于官。妻不服。举乃取猪二口，一杀之，一活之，而积薪烧之。活者口中有灰，杀者口中无灰。因验尸口，果无灰也。鞫之，服罪。

此法可以令人信服，因为它是合理的。如果说具体的验证方法尚显简陋，那也很自然。流行于当日社会中的"据证"法，必定都是简单易行的。

> 宋傅琰为山阴令，有两人争鸡，琰问："鸡早何食"，一云粟，一云豆。乃杀鸡破嗉，而有粟焉，遂罚言豆者。[1]

鸡的检验如此，人的检验则须稍加变通。昔有役人盗食樱桃，主管官赐酒，阴使人置异物其中，既饮而吐，有樱桃在焉，于是服罪。[2] 亦有人对这种断法不以为然，认为"事既细微，鞫亦刻薄"[3]。后世有尊长告卑幼不孝，自食膏粱，独遗其草具者，法官用以验证的手段恰与此相同。[4] 也许这种情

---

1 同上书，卷六。
2 同上。
3 同上。
4 详见徐珂《清稗类钞·狱讼类》，"徐次舟治狱"、"忠若虚判案"两条。

形是郑克可以接受的。

似这样简单易行的"据证"法还有许多。屠者与瞽者争钱,官验之以水,浮脂荧荧,乃断归屠者。[1] 米店人与面店人争一笆斗,官以为笆斗之罪,呼役扑之,因得糠秕则断与米店人。[2] 古者,负盐者与负薪者争一羊皮,官命以杖击羊皮,见盐屑而得其实。[3] 其事虽异,其理则一。这些,都是诉诸生活常理的事例。然而也有以非常手段求证的。

> 汉丙吉为廷尉时,陈留有一老人,年八十余。前妻有一女,已适人。后妻生一子,而翁死家甚富。子方数岁,女欲夺其财,乃诬:"后母所生非我父之子。"郡县皆不能决,闻于台省。吉乃言曰:"吾闻老人之子不耐寒,日中无影。"时方八月,取同岁儿,均服单衣,唯老人之子畏寒变色。又令诸儿立于日中,唯老人之子无影。遂夺财物,归后母之男。前女服诬母之罪。[4]

以为老人之子不耐寒,且日中无影,真是很奇怪的信念。后世取血相验,视其相溶与否来判断人与人或者牲畜之间亲情的有无,也可以算是同一类型的"据证"法。依现代人的看法,这种求证的方法一定不能够发现事实真相,但在它们

---

1 同上书,"狱讼类","赵清献折狱"条。
2 同上书,"狱讼类","忠若虚判案"条。
3 郑克:《折狱龟鉴》卷六。
4 同上书,卷三。

流行的时代和社会里面，人们却普遍相信其效验，也许这就够了。清官的形象、法律的功用，总是因为有民众的普遍信仰才得以维持的。

"察情"与"据证"基本上属于常规的察验方法，然而案情的复杂往往有以常规手段不足以澄清者，是以有"用谲"之事。宋代有"摸钟辨盗"的事情。

> 陈述古密直，尝知建州浦城县。富民失物，捕得数人，莫知的为盗者。述古绐曰："某庙有一钟至灵，能辨盗。"使人迎置后阁祠之，引囚立钟前，喻曰："不为盗者，摸之无声，为盗者则有声。"述古自率同职祷钟甚肃。祭讫帷之，乃阴使人以墨涂钟。良久，引囚以手入帷摸之。出而验其手皆有墨，一囚独无墨，乃是真盗，恐钟有声不敢摸者，讯之即服。[1]

与"据证"法一样，"用谲"之计也是因人而设，没有固定的程式，只是它也建立于常情常理之上。事既相类，理亦相通，所以也不乏"模式"。

> 前汉时，颍川有富室。兄弟同居，其妇俱怀妊。长妇胎伤，匿之，弟妇生男，夺为己子。论争三年不决。郡守黄霸使人抱儿于庭中，乃令娣姒竞取之。既而长妇

---

[1] 同上书，卷七。

持之甚猛，弟妇恐有所伤，情极悽怆。霸乃叱长妇曰："汝贪家财，固欲得儿，宁虑或有所伤乎？此事审矣。"即还弟妇儿，长妇乃服罪。[1]

同书又引《疑狱集》所载一事，与此相类：

> 后魏李崇，为扬州刺史。部民苟泰有子三岁，失之，后见在郭奉伯家，各言己子，并有邻证。郡县不能决。崇乃令二父与儿各别禁数日，忽遣史谓曰："儿已暴死，可出举哀。"泰闻之，悲不自胜；奉伯嗟叹而已，殊无痛意。遂以儿还泰。

世间流传各种以诈言剖分系争物（无论人、物）来辨别真伪的断案办法，可以说都是这一种模式的变种。清时有一案，二女同涉嫌奸案，奸夫已知，淫妇未定。法官谓罪在奸夫，遂令二女取堂上砖石刀锥击杀之。于是二女并起，掇石交投。被冤之女衔恨已久，两手举巨石，恨不即时毙之，另一女惟以小石击臀腿而已。法官命执此女严诘之，遂得其情。[2] 这是对上述手段的一种颠倒运用，其中道理并无不同。虽人皆有恻隐之心，究有亲疏远近与爱憎的不同。"用谲"之法能否奏效，端在对于人情世态的把握。

---

1 同上书，卷六。
2 见徐珂《清稗类钞·狱讼类》，"孙长卿折狱"条。

清人许奉恩所撰《里乘》卷八有一案：新安两姓争坟互控，因无契据在，逾三十年不能结。道光乙巳夏，新任太守张静山到任，即传谕两姓登山验看，至系争坟地，张公曰：

吾稽旧牍，见汝两姓名执一说，皆近情理，所恨两无契据耳。既思天下事，有一是必有一非，有一真必有一伪，非求神示梦，究不能决。昨特沐浴斋戒，祷宿城隍庙中，果见神传家中人至，自称为某某之祖，被某某诬控，求我判断，我已许之矣。顾一经明白宣示，真伪既分，是非立决。此后，是其子孙，方准登山展祭；非其子孙，即不准过问。吾怜汝两姓皆系孝思，劳苦多年，孰真孰伪，孰是孰非，皆当别祖，过此以往，不能并至其陇矣。

接下来是别祖的情形：一人草草三叩首毕，起身干哭，颜色忸怩，口中喃喃，不解所谓；另一人则侧身伏拜，涕泪泫然，别祖言毕，痛哭卧地，晕不能兴。于是真伪毕见。张公乃亲笔书判，令两姓画押。三十余年难了葛藤，一旦斩绝。事后有人问及祈梦城隍之事，张公笑曰：

此姑妄言之耳。吾思两姓既无契据，只合令其别墓，以察其情形，果系真子孙，自有缠绵难舍之状，否则出于勉强，仓猝间难以掩著矣。大抵人即无良，于稠人广众之前，断未有甘心厚颜而真忍以他人之祖为祖者，天良未尽梏亡，只在此刻。人之所以异于禽兽也。

这种辨别真伪的理论与方法很容易遭到现代读者的讥笑。其实，它们出错的可能性，未必比应用"测谎器"所冒的风险更大。因为我们谈到的这些断案办法，产生且运用于一个在技术、组织、信仰和民情诸方面皆与之相应的社会里面。虽然在中国，早在宋代就已产生了《洗冤录》这样的"法医学"著作，官僚体制与司法制度建立得更早，但在基层的司法活动中，诉诸生活常理的朴素智慧依然重要。上面引用的事例都可以证明这一点，而由这一事实，我们应当对于中国古代的社会与法律有更真切的了解。

最后还应该补说一句，察情、据证和用谲诸法虽然必要，却往往不是最终的手段。古人定谳最重口供，所以少不了刑讯。明人张瀚曾云："昔人云刑罚得中，是刑罚中教化。当官者一以公心听断，民自不冤。余往见侍御按临各属，遇审囚徒，无论轻重冤枉，直答挞而已。时贾公大亨独不任刑，细检卷宗，详审干证，一一令尽言无隐，又咨诹郡邑长贰，务各得其情。每一案出，人人称服。"[1] 其实，清官并非不用刑，只是不任刑，不滥用刑罚罢了。注重口供，倚重刑讯，确实容易造成冤抑不平之狱，这是一种制度性问题。而对于这一

1　张瀚：《松窗梦语》卷一。

种制度缺陷的补足,在当时只好靠清官来完成。历史上那么多关于明敏断狱事迹的记载,世人中如此多有关清官听断之法的传说,恐怕部分是这个缘故吧。

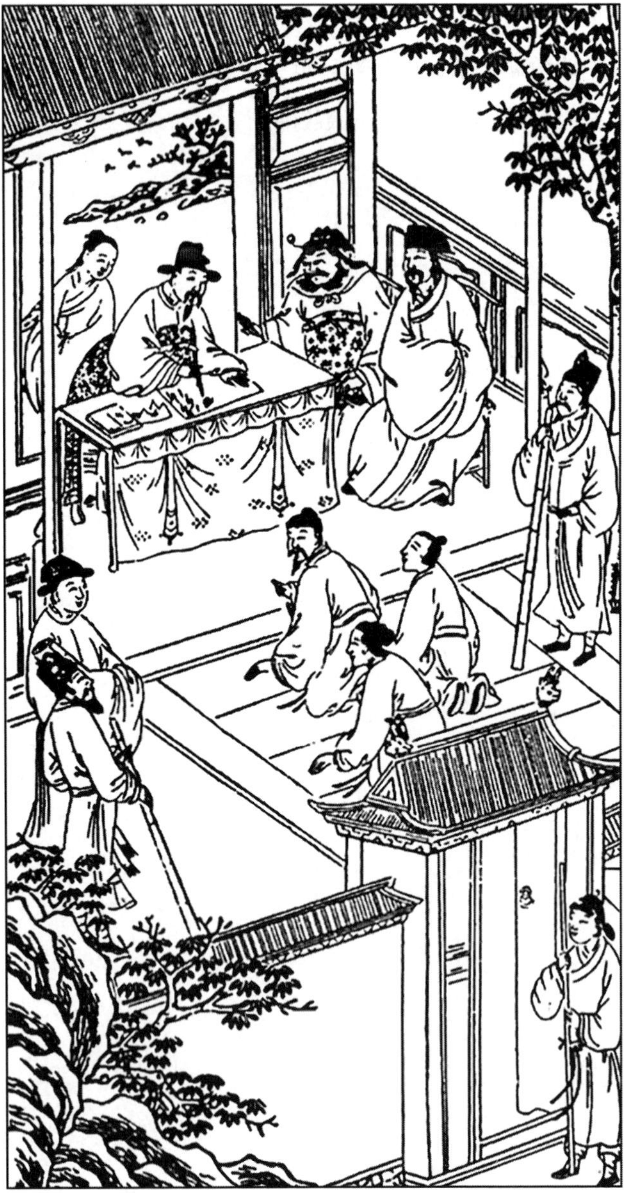

法意与人情

法律就像语言，乃是民族精神的表现物。它们由一个民族的生命深处淌出来，渐渐地由涓涓细流，汇成滔滔大河，这样的过程也完全是自然的。就此而言，法意与人情，应当两不相碍。只是，具体情境千变万化，其中的复杂情形往往有我们难以理会之处。即以"人情"来说，深者为本性，浅者为习俗，层层相叠，或真或伪，或隐或显，最详尽的法律也不可能照顾周全。况且法律本系条文，与现实生活的丰富性相比，法律的安排总不能免于简陋之讥。因此之故，即使立法者明白地想要使法意与人情相一致，此一原则的最终实现还是要有司法者的才智与努力方才可能。这也就是为什么历来关于明敏断狱的记载，总少不了"善体法意，顺遂人情"这一条。

西汉时，沛县有一富翁，妻子已亡，膝下只一女一子。女儿不贤，儿子尚小。后其人病笃，因为担心死后女儿争夺家产，幼儿难以保全，遂立下遗嘱，以全部家产付与女儿，只遗一剑与其子，并约定待儿子十五岁时交给他。若干年后，儿子长到十五岁，女儿却不执行父亲遗嘱，不把宝剑传给他。儿子为此控诉到郡。郡守何武看过富翁手写遗书后说：

> 女既强梁，婿复贪鄙。畏贼害其儿，又计小儿正得此财不能全获，故且付女与婿，实寄之耳。夫剑，所以决断。限年十五，智力足以自居。度此女婿不还其剑，当闻州县，或能证察，得以伸理。此凡庸何思虑深远如是哉！

于是夺回全部家产付与儿子。

北宋时也有这样的事例。有一富民，病重将死，膝下一子年仅三岁，其人乃命婿管理家产，并且写下遗书，说将来倘若分析家产，就以十分之三传给儿子，十分之七给予女婿。后其子成人，诉讼到官，婿则出示遗书，请依此办理。法官张咏看过遗书对该婿说：

> 汝之妇翁，智人也。时以子幼，故此嘱汝，不然子死汝手矣。

于是以十分之七判与儿子，十分之三判与女婿。

这两件事迹都收在宋人郑克所撰的《折狱龟鉴》一书里面。郑克还在后面附上一段自己的按语，他说：

夫所谓严明者，谨持法理，深察人情也。悉夺与儿，此之谓法理；三分与婿，此之谓人情。武以严断者，婿不如约与儿剑也；咏之明断者，婿请如约与儿财也。虽小异而大同，是皆严明之政也。[1]

法律要求公平，但是按照字面的意思去执行遗嘱，恰好得不到公平；死者的本意是要把家产传与幼小的儿子，但在当时的具体情境之下，偏又不能把这一层意思明白地宣示出来。这时最需要贤明的法官。法律的精义靠他们努力来发掘，隐微的人情也要他们曲折地去发现，这样才可能最终实现法意与人情的圆融无碍，而这一点又正是中国古时法律建立于其上的一项重要原则。

古代的地方官，为其职权所限，只可以就笞、杖以下案件为最后的裁断。这类案件多系田土、钱债方面的纠纷，事虽琐细，却不易断得清明。处置不当，轻者聚讼不绝，重者伤于教化，确是极难办的事情。不过在另一方面，法律赋予了地方官相应的自由裁量权，又为那些有抱负的文官提供了施展其才干的广阔天地。他们依据法律，却不拘泥于条文与字句；明于是非，但也不是呆板不近人情。他们的裁判常常是变通的，但是都建立在人情之上，这正是对于法律精神的最深刻的理解。

宋人王罕任职潭州时，民有与其族人争产者，屡断屡讼，

---

[1] 郑克：《折狱龟鉴》卷八。

十余年不绝。一日，王罕将此一族人召来堂下，对他们说，你们都是地方富户，难道愿意长年受讼事的烦扰？如今这告状者穷途潦倒，而当年析产的文据又不曾写得清楚，是以屡屡不能断决。倘若你们每人都稍稍给一点钱财与告状者，让他远走高飞，岂不是断绝了一应麻烦？大家按照王罕的话做了，讼事也就止息了。这一则材料也收在《折狱龟鉴》里面，并且排在"严明"一门。本来，州官王罕可以将纠缠不休的告状人斥为健讼，严惩不贷（况且他已是"寒饥不能以自存"的无赖），但在编撰者看来，这最多只是"严"，却不能说是"明"。郑克云：

> 严明之术，在于察见物情，裁处事体。彼争产者，困于寒饥；析产者，苦于追逮。理之曲直，何足深校？……于是人少资之，令其远去，则析产者所损不多，而免追逮之苦；争产者所获不少，而脱寒饥之困。州民狱讼，亦为衰止。……倘恣其辨诉，加以峻罚，则物情不无所伤，而事体亦有所害，称为严明，斯失之矣。[1]

表面上看同是依法行事，实际上却有深浅之分，真伪之别。如果拿不伤物情、不害事体作一项标准，执行法律这件事情便是一种艺术，必须创造，不能照搬。这时，法官的人格与识见，就像艺术家的修养与趣味一般，乃是他们创造活

---

[1] 同上。

动中最重要的一些因素。又比如下面一例:

> 隋郎茂,初授卫州司录,有能名,寻除卫国令。……有部人张元预,与从父弟思兰不睦,丞、尉请加严法,茂曰:"元预兄弟本相憎嫉,又坐得罪,弥益其忿,非化人之意也。"乃遣县中耆旧,更往敦谕,道路不绝。元预等各生感悔,诣县顿首请罪。茂晓之以义,遂相亲睦,称为友悌。[1]

这位郎茂通过使人性升华的办法,一劳永逸地消除了纷争之源,这可以表明他对于法意与人情的正确理解和深刻领悟。不过,由同样的认识出发,也可以有不同的解决办法。明人张瀚为郡守时,属民有兄弟争财者,各讦阴私,争胜不已。张瀚将此兄弟二人同锁一杻,置狱不问,过一段唤出,二人潸然泪下,曰:"自相构以来,情睽者十余年,今月余共起居、同饮食,隔绝之情既通,积宿之怨尽释。"遂幡然悔过。[2] 就断决狱讼的具体方法来说,这两种事例都是很有代表性的(史籍内同类事例颇多,不赘列)。这样的解决办法自然不是出于法律的规定,但从根本上说,它们不但不违反法律,反倒是最合于法意的一种。

清人刘献廷尝言:"余观世之小人,未有不好唱歌看戏

---

1 同上。
2 张瀚:《松窗梦语》卷一。

者,此性天中之《诗》与《乐》也;未有不看小说听说书者,此性天中之《书》与《春秋》也;未有不信占卜祀鬼神者,此性天中之《易》与《礼》也。圣人六经之教,原本人情。而后之儒者,乃不能因其势而利导之,百计禁止遏抑,务以成周之刍狗,茅塞人心,是何异壅川使之不流,无怪其决裂溃败也。"[1] 这确是很高明的看法。中国文化的精神特质,正包括了缘情设教这一项。法律自然也不应与人情相悖。只是要完满地实现这一点,实在是很不容易的事情呢。

---

[1] 刘献廷:《广阳杂记》卷二。

法律中的人性

人类的本性，在其根本的意义上面，原是共同的和普遍的。只是，对于人性的看法历来不尽相同。人类所有文明的创造物，他们的宗教和法律，也都部分地因此而不同。

据唐代史料记载，贞观六年十二月辛未，唐太宗亲录囚徒，闵死罪者数百人[1]，纵之还家，令明年秋末就刑。及期，众死囚皆诣朝堂，无后者。太宗嘉其诚信，诏悉原之。这种举动固然是出于一念之仁，为非常之特恩，但在历史上却不算是绝无仅有的一例。东汉时，钟离意为瑕邑令，县民房广为父报仇系狱。其母病死，广闻之，号泣狱中，意为凄怆，出广见之曰："不还之罪，令自受之。"广临殡毕，即自还狱也。又有一位虞延，任淄阳令时，每至岁时伏腊，辄休遣囚各归家，囚并感其恩，应期而还。[2] 清人笔记史料里面，也有

---
[1] 《旧唐书·太宗本纪下》作二百九十人，《新唐书·刑法志》作三百九十人。
[2] 二事皆出《初学记》卷二十。

类似事例。俞蛟《梦厂杂著》卷三记新会狱卒某，为人淳朴好义，狱中咸爱敬之，推为狱卒之长。某年除夕前日，狱囚念及家室，咸欷歔泣下。某恻然于中，大言曰："今夕释诸君归家对妻孥而醉椒酒，乐乎？"诸囚唯唯，疑其戏言以博笑也。某曰："予素无诳语，诸君能于明、正二日，如约归来，则两无所害。否则，予立毙杖下矣！"众囚指天地为誓，遂为之脱械纵去。至期，囚皆逡巡返狱，无一失时。

在上面几则事例里面，以唐太宗所冒风险最小。也许，众囚徒因为他是大唐天子，不敢存侥幸之心。另一方面，太宗以其至尊的身份，也不致因"纵囚"的不成功而受到罚责。至其他人则不同。钟离意之"纵囚"，"不还之罪，令自受之"，冒丢掉乌纱帽的危险；清新会狱卒某的"纵囚"，则是以自己的身家性命作抵押的。然而也可能正是为此，所纵之囚才如期返狱，无一失时。道德人格的感化力量确实惊人。其所以如此，又是因为人心中存有善端，纵然是无知愚民，只要方法得当，时机适宜，也都是可以教化的。在这一种意义上，民风的败坏，是因为教化不行。原因找到治人者身上，结果就连天子也要深自反省，下诏罪己。至于一般地方官，以此而引咎自责的更是史不绝书。吴祐为胶东侯相，民有争讼者，必先闭阁自责，然后断讼，自是争隙省息，吏人怀而不欺。[1] 韩延寿为东郡太守，以德为治，郡内讼事最少。后徙

---

1 《后汉书·吴延史卢赵列传》。

冯翊太守，治下有兄弟因田争讼，延寿以为咎在守令，遂移病不称事，闭阁思过。讼者宗族传相责让，兄弟深自悔，愿以田相移，终死不敢复争。[1] 隋赵煚为冀州刺史时，有人偷他职田中的蒿草被抓住了，煚曰："此乃刺史不能宣风化，彼何罪也。"于是对那人好言相慰，不但放他走，而且命人送了一车蒿草给他。赵煚相信，"愧耻过于重刑"。[2] 韦景骏为贵乡令，有母子相讼者，景骏谓之曰："吾少孤，每见人养亲，自恨终天无分。汝幸在温清之地，何得如此？锡类不行，令之罪也。"垂泣呜咽，取《孝经》付令习读。于是母子感悟，各请悔改，遂称慈孝。[3] 苏琼为清河太守，清慎无私。有沙门道研求谒，意在理债。琼每见，则谈问玄理，道研无由启口。弟子问其故，道研曰："每见府君，径将我入青云间，何由得论地上事？"遂焚其券。[4] 历史上，这类以德化人而获成功的事例真是举不胜举。

虽然纵囚之事只可能出于"一念之仁"，而不是一项制度安排，但使之成为可能的那种信念，与历史上那些以德化民者所坚守的立场，却正好是相通的。他们都相信道德人格的力量，也都以为教化一途切实可行。说到底，他们对于人性的改造，都抱有乐观的态度。古人标榜德主刑辅，明刑以弼教，中国古代的法律，正是本着这一种精神建立起来的。

---

1 《汉书·赵尹韩张两王传》。
2 事见郑克《折狱龟鉴》卷八。
3 《旧唐书·良吏上》。
4 江东伟：《芙蓉镜寓言》，一集。

大约在 10 世纪或者 11 世纪，出现于欧洲的一些"忏悔书"里有这样的内容：

> 审判他人者……审判他自己。让他因此认识自我，并在他所见之干犯他人的罪孽中洗涤他自己。让无罪者先拿石头打他。(《约翰福音》8:7)……因为就所有人都犯有罪是自明之理这一点而言，没有人清白无罪……因此，倘若被告所犯的罪原是可宽恕的罪，那么判其有罪的法官即犯有罪过……[1]

它要求法官在判案时设身处地，自己先扮演被告的角色，因为它相信这样更容易掌握罪行；它还要求法官宽宥可恕之罪，而那是因为世上的人都有罪孽，恶念乃是与生俱来。这种"悲观"的人性理论是西方宗教的固有物，其对于西方政制、法律的深远影响，实在难以估量。

---

[1] 引据拙译伯尔曼《法律与宗教》，第 180—181 页，注 11。

经 与 权

时人多以为西人行事严格地依据法条,而吾人行事则散漫无章,仅有抽象的道德原则或模糊的公正观念作指导。这两种看法同样地似是而非。

西人行事如何暂可以不论,我们祖先同样在照章办事是没有疑问的。这一点,有大量的文献可资证明。然而这并非一种中西无差异的主张。中国古代法律的特点在其贯彻伦理的精神,而吾国古伦理学之要义,据说在一"权"字。

《论语·子罕》:"可与立,未可与权。"皇侃义疏:"权者,反常而合于道者。王弼曰:'权者道之变;变无常体,神而明之,存乎其人,不可豫设,尤至难者也。'"《全唐文》卷四〇四冯用之《权论》:"夫权者,适一时之变,非悠久之用。……圣人知道德有不可为之时,礼义有不可施之时,刑名有不可威之时,由是济之以权也。……设于事先之谓机,应于事变之谓权。机之先设,犹张罗待鸟,来则获矣;权之应变，犹荷戈御兽，审其势也。""故圣人论事之曲直，与之屈伸，无常仪表。"[1] 然而此并非不顾常经，任性妄为之义。权与经虽相对立，亦互为补充，相辅相成。《春秋繁露·玉英》："夫权虽反经，亦必在可以然之域，故虽死亡，终弗为也。……故诸侯在不可以然之域者，谓之大德；大德无踰闲者，谓正经。诸侯在可以然之域者，谓之小德，小德出入可也。权，譎也，尚归之以奉巨经耳。"《孟子·离娄》："男女授受不亲，礼也；嫂溺援之以手，权也。"赵歧注："权者，反经而善者也。"《韩诗外传》卷二记孟子论卫女曰："常谓之经，变谓之权，怀其常经而挟其变权，乃得为贤。"诚如钱锺书先生所言："'权'者，变'经'有善，而非废'经'不顾"，"是以'达节'而不失'节'，'行权'而仍'怀经'，'小德'出入而'大德'不踰"[2]。此柳宗元所谓"当"，"'当'也者，大中之道也"[3]。达此道者，是为圣人。视古人书判清明者，既具引法条，照例行事，又不拘泥于条文字句，而能够体察法意，调和人情，其所为之判决，因事而异，极尽曲折委婉，这绝不是一味地抱持常经所能够做到的。

社会生活的变化多样，使得任何一种规则体系都不能够不加变化地适用；反过来，文明社会的错综复杂，亦不能仅靠抽象原则与模糊观念来维系。一为规则的适应性，一为原

---

[1] 《文子·道德》。
[2] 以上引文皆转自钱锺书《管锥编》第一册，第206—209页。
[3] 柳宗元：《断刑论》。

则的确定性,这一种矛盾无所不在,因为它们伴随事物本身而来。

大而言之,经与权乃是所有受规则支配的人类共同的问题。吾人与西人的差别,在这一种意义上,只有程度的不同。

法律中的逻辑

我国古时有所谓"名学",那是古代的逻辑学,只是后来不曾发达,比不了西方的逻辑学。唐德刚先生认为,中西逻辑发展所以有如此差异,与它的法律观念之不同有关。据他看来,"法律"最讲逻辑,律师则尽是逻辑专家,而他们在社会(西方)中的地位更是了得。哪像我们传统的中国人,最瞧不起所谓写蓝格子的"绍兴师爷"和"狗头讼师"。"我们的'仲尼之徒'一向是注重'为政以德'的。毫无法理常识的'青天大老爷'动不动就来他个'五经断狱'。断得好的,则天理、国法、人情、良心俱在其中;断得不好的,则来他个'和尚打伞',无法(发)无天,满口革命大道理,事实上则连最起码的逻辑也没有了。西方就适得其反。西方的律师,诉讼起来,管他娘天理、人情、良心,只要逻辑上不差,在国法自有'胜诉'。因而他们的逻辑,也就愈加细密了。"[1]

---

[1] 唐德刚译注:《胡适的自传》注二三。

"只要逻辑上不差,在国法上自有'胜诉'"。如果真是这样,则此所谓"国法"必定首先是一种严密的逻辑体系;其次是把道德上的考虑排除在外;最后是对法律问题与事实问题作严格的区分。因为不如此,则法律的受逻辑支配便无可能。西方近代以来的法律,确乎满足了上面这些要求。这样一种法律制度,据马克斯·韦伯的描述,大体具有下面五种特点:

一、所有具体的法律判决都是抽象之法律判断适用于具体"事实情态"的结果。

二、在任何情况下都可能借助于法律逻辑,由抽象的法律判断得出判决。

三、此种法律实际上构成或被看成"无隙可寻"的法律判断体系。

四、凡不能以法律术语作合理解释者,即是法律上无关者。

五、所有社会活动概被想象为法律判断的"适用"或"实施",否则便是对法律的"违反",这一点为"无隙可寻"的法律秩序所决定。

造就这样一种法律体系自然有赖于法律学的发达。律学的发达却不大可能有这样的结果,这一点已为历史所验证,亦为后文[1]的分析所阐明。不过,在法学与律学之外,我们还

---

1 详见本书《律学》。

应注意实际应用中的法律本身。董仲舒以经义决狱，引《诗经》"螟蛉有子，蜾蠃负之"一句，推出养父子关系与亲父子关系相同的结论，这是一种很奇怪的逻辑。宋人审理一则盗伐墓木的案件，其判词曰："许孜，古之贤士也，植松于墓之侧，有鹿犯其松栽，孜泣，叹曰：'鹿独不念我乎！'明日，其鹿死于松下，若有杀而致之者。兽犯不韪，幽而鬼神，犹将声其冤而诛殛之；矧灵而为人者，岂三尺所能容哉！"[1] 这又是很奇怪的逻辑。然而，倘我们了解了古代法律的性质，了解古人心目中与之相应的种种观念，则大量的同类现象就可以得到"合理的"说明了。

明海瑞曾申明其断决疑狱的原则，谓凡讼之可疑者，"与其屈兄，宁屈其弟；与其屈叔伯，宁屈其侄；与其屈贫民，宁屈富民；与其屈愚直，宁屈刁顽。事在争产业，与其屈小民，宁屈乡宦，以救弊也。（按：乡宦计夺小民田产债轴，假契侵界威逼，无所不为。为富不仁，比比有之。故曰救弊。）事在争言貌，与其屈乡宦，宁屈小民，以存体也。（按：乡宦小民有贵贱之别，故曰存体。若乡宦擅作威福，打缚小民，又不可以存体论。）"[2] 这里，要紧的是道德原则，只要道德原则是清楚的，则没有不能断决的案件。古人为了"矜全骨肉"，有以拈阄方式来裁判继嗣案件的。法律原本是执行道德的工具，实行起来自然要符合道德的原则。依据《诗经》也

---

1 《庵僧盗卖坟木》，《明公书判清明集》卷九。
2 海瑞：《海瑞集》上册。

罢,拈阄断案也罢,引述圣人语录、贤人故事也罢,都合乎此道德的逻辑。

实际的法律制度,因为其性质与发达程度,可能对于逻辑学的发展产生促进或阻碍的作用。但是因此便认为后者的发展取决于前者,恐怕会有简单化之嫌。孟子以"日月之食"喻君子之过,[1] 以"草上之风"喻君子之德,[2] 以"规矩"与"方圆"喻圣人与人伦,[3] 以"水之就下"、"兽之走圹"喻民之归仁,[4] 凡此种种,表明了某种被称为"贤人作风"的思维方式:一方面,思想家们所论究的问题,集中于道德论、政治论与人生论,他们所研究的对象也大都以人事为范围,关于自然的认识,显得分量不大;另一方面,所有自然事物与关于自然现象的认识,都是"取辩之物",即都是借以导出政治论或道德论上某些结论的手段或工具。[5]《论语》四百九十二章,一万二千七百言,无一条是针对自然现象而发的命题;取用有关自然的知识,只是以"譬如"的类比法来"证成"其本质上皆为道德的主张。这里,推论无须遵循严格的形式逻辑,因为结论早已在推论之前就已经有了。此种类比法和所谓"无类比附逻辑"对于后来的经学、律学乃至司法推理均有深刻影响。也许应该说,我国古代逻辑学的不发达、传

---

1 《孟子·公孙丑下》。
2 《孟子·滕文公上》。
3 《孟子·离娄上》。
4 同上。
5 参阅侯外庐《中国思想通史》卷一,第131—133页。

统律学和司法推理的非逻辑化,最终又有一共同的原因,即都与春秋战国之际的"贤人作风",进而更早的西周的"维新"传统有密切的关联。

律　学

清人沈家本作《法学名著序》，内中有一节专论"法学"之盛衰：

> 夫自李悝著经，萧何造律，下及叔孙通、张汤、赵禹之俦，咸明于法，其法即其学也。迨后叔孙宣、郭令卿、马融、郑玄诸儒，各为章句，凡十有余家，家数十万言。凡断罪所当由用者，合二万六千二百七十二条，七百七十三万二千二百余言。法学之兴，于斯为盛。郑氏为一代儒宗，犹为此学，可以见此学为当时所重，其传授亦甚广。魏卫觊请置律博士，转相教授。自是以后，下迄唐宋，代有此官，故通法学者不绝于世。洎乎元主中原，此官遂废，臣工修律之书，屡上于朝，迄未施行。明承元制，亦不复设此官。国无专科，人多蔑视，而法学衰矣。[1]

---

[1] 沈家本：《寄簃文存》卷六。

据日本学者实藤惠秀考证,"法学"一词系西学东渐之后日人据汉字创构,并非我国固有词语,此说亦得到国人的承认。[1] 沈氏生于新旧交替之时,受此外来影响不足为奇,然而他所谓"法学"实为"律学",这一点又不可以不察。

法学即法律科学,其为完整的知识体系无疑。有当代学者以12世纪欧洲法学为西方科学的楷模,正是以其科学性格作依据的。以此科学的标准来衡量,则律学与法学之间便有了不可弥合的距离。

律学之盛,在于两汉,我们可以这一事实,间接地了解律学的性质和它在文化中的位置。

秦汉之际,为我国历史上的一个关键时期。其时所谓三代的青铜文明已然崩颓,代之而起的秦汉文明,第一要做的便是除旧布新,完成古代世界的价值重构。于是有儒学之兴、经学之盛。马融、郑玄辈,正是其中佼佼者。而律学成就于马、郑之手这一事实,不但可以表明律学以经学为归依的附从地位,亦可以表明其价值重建的性质。事实上,即使细微如法律章句的具体方法,也不出经学的古文与今文两派之外。

据清人皮锡瑞所言,"前汉今文说,专明大义微言,后汉杂古文,多详章句训诂。……武、宣之间,经学大昌,家数未分,纯正不杂,故其学极精而有用。以《禹贡》治河,以《洪范》察变,以《春秋》决狱,以三百五篇当谏书,治一经

---

[1] 详见实藤惠秀《中国人留学日本史》第七章第十三节。

得一经之益也"[1]。以这种"大义微言"的办法应用于法律，自然得不出科学的结果。至于后汉古文学，其章句训诂"分文析义，烦言碎辞，学者罢老且不能究其一艺"[2]。这种方法之无益于概念的抽象化和法典的系统化，亦不言自明。更可以注意的是，上述两种方法还有着内在的共通之处。具体言之，"大义微言"之法以其对道德具体情境的考虑而流于琐屑细碎；"章句训诂"的方法亦不能够摆脱普遍道德化的影响。东汉人郑玄所以能融古今文学于一炉，不能说与上述两种方法的内在相通之处无关。

在古人看来，律者，"根极于天理民彝，称量于人情世故，非穷理无以察情伪之端，非清心无以袪意见之妄"。又，"以礼教之精微，事情之繁赜，正有非官吏之所能尽谙，颛愚之所能共喻者乎？"[3] 因此不可以没有律学，无论其表现的形式为"大义微言"、"章句训诂"，还是"疏义"、"讲义"。此种以发掘、演绎律文之道德意蕴为其要旨的做法，最终产生的一定不是什么"完整的知识体系，或处于无限变化之中的开放系统"，而只能是伦理学的旁支，是关于特定社会中流行的道德观念的法律解说。

总而言之，律学非科学。在同样的意义上，律学亦非法学。

---

1 皮锡瑞：《经学历史》，第89—90页。
2 刘歆：《移让太常博士书》。
3 沈家本：《寄簃文存》卷六。

刀 笔 吏

《雅谑》"笔如刀"条记云：

> 长洲刻工马如龙，与钱塘佣书郭天民同聚，马老郭幼，郭不让，竟与争坐。马曰："乳臭儿，敢与我抗耶？我闻刀笔吏，抑刀在前乎？笔在前乎？"郭曰："老贼，老贼，我有笔如刀，抑笔在前乎？刀在前乎？"马语塞，竟让郭坐。[1]

古时刀笔皆为书写工具，所以刀笔合称，后世则不然。世人目笔为刀，乃极言笔之锋利，至以"刀笔吏"呼讼师幕吏，是视执笔如操刀，能够伤人肌肤、取人性命。相传曾国藩曾于奏折中自陈"屡战屡败"，后幕友改为"屡败屡战"，则文义全变。文辞威力之大，于此可见一斑。

刘体智《异辞录》卷二"刑幕功用"条记其父在官时，

---

[1] 引据王利器辑录《历代笑话集》。

属下某官杖毙教民十八名，呈文洋洋数千言，自以为是，其父戒之曰："奏入，教士噪于朝，汝落职，朝廷旰食矣。"某惧而退，谋诸抚幕，改为械斗致死，因此而得无咎。同条又记其父督四川时，会教绅罗元义以乱民将攻教堂，雇众拒斗，杀伤踏毙十余命一案。其父欲重罪而毋词，谋诸督幕曰："吾欲枭罗元义，以徇于众，俾知所戒，其可乎？"对曰："案有由，其可哉。"乃共定谳词曰："死由于踏，踏由于追。罪坐所由，比以械斗为首之例，尚觉情浮于法，应拟斩枭。"结果一报而准。《异辞录》卷二还收有奸案判词两则，其文辞尤为工巧，刀笔吏伎俩可以一览而无余。古法，捉奸成双，格杀勿论，只是须在奸所登时捉获，否则不得引以为例。"光绪间，粤中有本夫与妇随人逃后两年，踪迹得之于数百里外，因并杀之者。援例释罪，部员挑剔勿允。"幕友改判词云：

窃负而逃，到处皆为奸所；久觅不获，乍见即系登时。

部员见而大赏之，立允其请。又旧案中一女子在楼上，见墙外有小遗者（指以其阳示之），羞忿自尽死。官欲构其罪，难于无言语调戏，更非手足勾引。一老吏为批曰："调戏虽无言语，勾引甚于手足。"乃定狱。

一字一句定而后案乃定，这是古时常见的一种情形。现代社会中，律师往复辩论于法庭，常常也只是为一字一句。

现代法律的概念、定义乃至定罪量刑的标准，亦可以因一字之差而有不同，只是最终，定案全视证据是否充分，举证是否有力，并不受诉状文书中某一字句的左右。古时则不然。当时几无认辩程序，证据的审查亦不能完备，所以最重案由。"案有由，其可哉。"是以资深老吏，多计讼师，既谙于官场，通于世故，复精于律例，工于书牍，自可以呼风唤雨，无往而不胜。《清稗类钞·狱讼类》记有讼师伎俩数事，兹引述几则于下：

> 湖南廖某者，著名讼棍也，每为人起诉或辩护，罔弗胜。某孀妇，年少欲再醮，虑夫弟之捐阻也，商之廖，廖要以多金，诺之。廖为之撰诉词，略云："为守节失节改节全节事：翁无姑，年不老，叔无妻，年不小。"县官受词，听之。

> 苏州有讼师曰陈社甫，其乡人王某富而懦，尝以金贷一孀，久不偿，遣人召孀至，薄责之，孀愧愤，夜半缢于王门。时适大雷雨，故不闻声，比晓始觉，惧而谋诸陈，陈曰："是须酬五百金，乃可为若谋。"王曰："诺。"陈曰："速为之易履。"王谨受教。陈振笔作状，顷刻千余言，中有警句云："八尺门高，一女焉能独缢？三更雨甚，两足何以无泥？"官为所动，以移尸图害论，判王具棺了案。

皖南何某以善讼名于时，时皖北大旱，芜关道禁止皖南米谷出口。有米商私运米数千石，为关吏所拘，将议重罚，商赂何求计，何为撰禀，中有句云："昔惠王乃小国之诸侯，犹能移河内之民，以就河东之粟，今皇上为天下之共主，岂忍闭皖南之粟，以乘皖北之饥？"道见之，以所持甚正，因免其罚。

知县某需次浙江，受知于巡抚而积忤于将军，……某年元旦，行朝贺礼归，将军即具章劾知县朝贺失仪，当大不敬，以为巡抚且负失察之咎，不敢回护矣。事闻，朝旨果以让巡抚，巡抚愤懑而无可奈何。其从者偶语于酒肆中，为某讼师所闻，即大言曰："了此，八字足矣。"从者惊询之，则曰："何易言耶！予我三千金我即传汝。"从者阴以白巡抚，巡抚喜，诺之。讼师曰："试于奏牍中加'参列前班，不遑后顾'八字，则巡抚无事矣。"巡抚思之良然，遂入奏牍，而朝旨果又转诘将军。盖巡抚、将军朝贺皆前列，不能顾及末吏，若将军亲见此令失仪，则将军亦自失仪矣，将军遂以此失职，而巡抚与知县皆无事。

文辞的力量如此，一字千金亦不为过。难怪那个受雇于人抄书的郭某气焰嚣张，敢与年长的刻工马某争座了。

讼 师

据《辞源》修订本,"讼师"乃"协助人办理诉讼事务的人"。这个定义不能算错,但不够确切。因为以同一种说法移用于西人所谓"律师",亦无不可。而实际上,"讼师"与"律师"之不同,正体现了文化上的深刻差异。

《名公书判清明集》卷十二、十三有关于"哗徒讼师"的判词若干,现引录数则于下:

> 龙断小人,嚣讼成风。始则以钱借公吏,为把持公事之计;及所求不满,则又越经上司,为劫制立威之谋。何等讼师官鬼,乃敢如此。[1]

> 西安词讼所以多者,皆是把持人操执讼柄,使讼者欲去不得去,欲休不得休。有钱则弄之掌股之间,无钱

---

1 蔡久轩:《讼师官鬼》,《名公书判清明集》卷十二。

则挥之门墙之外。事一入手,量其家之所有而破用,必使至于壤尽而后已。民失其业,官受其弊,皆把持之人实为之也。[1]

新化本在一隅,民淳事简,果不难治。只缘有数辈假儒衣冠,与一二无赖宗室,把持县道,接揽公事,所以官吏动辄掣肘。[2]

这里为讼师所画的像,虽不是面面俱到,却是大体上真实的。

据清人记载,河北、浙江等地,讼师多称歇家,其性质与宋之讼师一般无二,只活动方式稍异,康熙编《束鹿县志·风俗志》云:"有愍生、豪棍及衙门胥吏假开店门,包揽词讼,号曰歇家。乡民一入其门,则款之以菜四碟、酒二尊,号曰迎风。于是写状、投文、押牌、发差等事皆代为周旋,告状之人竟不与闻也,及被告状诉亦然。百计恐喝,巧言如簧,原、被不敢不从。始则乡人行词,终则歇家对矣。结之后,又款之以菜四碟、酒二尊,号曰算账。袖中出片纸,罗列各款杂费,动至百金。无论讼之胜负,歇家皆得甚富,或有破家荡产,卖妻鬻女以抵者。"又浙江地方,"讼师皆在城中。每遇两造涉讼者,不能直达公庭,而必投讼师,名曰歇

---

[1] 翁浩堂:《专事把持欺公冒法》,同上书,卷十二。
[2] 胡石壁:《先治依凭声势人以为把持县道者之警》,同上书,卷十二。

家。人证之到案不到案,虽奉票传,原差不能为政,惟讼师之言是听,堂费、差费皆由其包揽。其颠倒是非、变乱黑白、架词饰控固不待言,甚至有两造欲息讼而讼师不允,官府已结案而讼师不结,往往有奉断释放之人,而讼师串通原差私押者,索贿未满其欲也"。[1]

由上述记载可以了解,讼师破坏了社会的正常秩序,因而为官府所痛恨,而它之所以遭世人轻贱,是因为在当时的社会里面,这绝不是一种正当的职业。我们古时的法律以"惩恶于后"为己任,因此为正常的社会生活所不需,与此相应的贱讼心态更不能以积极态度来对付不可避免的讼事。其结果,便是讼师这样一种社会赘疣的出现。它对于社会的作用,很难是有益的。

时人以西人推重律师与吾人轻贱讼师的态度相比照,似乎律师与讼师乃一事而二名,不同的只是世人看待他们的态度。此大谬不然。倘我们将古人对于"讼师"的描述完全视为偏见,则我们对于历史的了解,便不能有丝毫的进步。

讼师即是讼师。这一个同义反复的定义,在这里是有意义的。

---

[1] 《光绪桐乡县志·风俗》。

白虎節堂

再说讼师

清人沈起凤所撰《谐铎》卷五"讼师说讼"条云：

江以南多健讼者，而吴下为最。有父子某，性贪黠，善作讼词。一日，梦鬼役押赴阎罗殿。王凭案先鞫其父，曰："士、农、工、商，各有恒业，尔何作讼词？"答曰："予岂好讼哉？人以金帛啖我，始却之，而目眈眈出火，不得已诺之。"继鞫其子，曰："是汝之过也！使我生而手不仁，乌乎作状词？"王曰："尔等挟何术，能颠倒黑白若此？"曰："是不难。柳下惠坐怀，作强奸论；管夷吾受骈邑，可按侵夺田产律也。"王曰："是则诬直为曲矣！而拗曲作直则何如？"曰："是更不难。傲象杀兄，是遵父命；陈平盗嫂，可曰援溺也。"王曰："是则然矣！其如听讼者何？"曰："欺以其方，则颜子拾尘，见惑于师；曾母投杼，亦疑其子。况南面折狱者，明镜高悬有几人哉？排之阖之，抵之伺之，多为枝叶以眩之，旁为证佐以牵之，遇廉善吏挟之，贪酷吏伙之。我术蔑不济矣！"王怒，命牛首抉其父双眼，而断去其子两臂，仍命鬼役押回。

比醒，父子各如所梦。闻于当事，谓若辈既遭冥谴，讼词疟可少息。越数日，命胥吏往睇之，见赴诉者，捧金执币，环伺堂下。其父南向跌坐一榻，阖双眼喃喃口授；而其子旁横一几，以脚指夹五寸管，运写如风。胥吏归述之。当事者叹曰："使州县尽作活阎罗，此辈亦不能除也。可惧哉！"

铎曰："于《易》，'乾上坎下为讼'。象曰：'天与水违行。'嗟乎！彼苍天者，乃亦当讼哉！吾不知为之师者，顺天乎？抑逆天乎？且其繇曰：'有孚窒。'是故欲无窒者必求师。"

这一则故事虽然是出于虚构，却很能够表明世人对于讼师的看法。有趣的是，深恶讼师如沈起凤者，最后也感于讼师们的顽强和不绝于世，而疑心世间操此业者是否真的有其存在的理由了。

在中国，讼师究竟起于何时，这是颇不易确定的事情。揆诸道理，有讼事必定有两造之外的帮闲助讼者，有法律则一定会有民间社会的研习者、解释者。照此推想起来，讼师这一种行当，纵然不是法律的伴生物，其起源也是很古老的。

问题是,在传统的社会里面,讼师素来受人轻贱,他们的形象,就如上面那则故事所描绘的,是贪婪、冷酷、狡黠、奸诈的,最善于播弄是非、颠倒黑白、捏词辩饰,收渔人之利。因此历来关于讼师的记载,一方面极不充分,一方面绝少有利的材料。

《清稗类钞·狱讼类》某条谓讼师宿某以理为讼元气,无理不管。又某条记一人为人释讼事迹云:

> 雍正时,松江有吴墨谦者,通晓律例,人倩其作呈牍,必先叩实情,理曲,即为和解之,若理直,虽上官不能抑也。
>
> ……
>
> 某富室欲吞未卖绝之活产,而业重价轻,未及三十年,无可解说。乃觅一故纸,仿正找两券,伪作一绝据,笔墨浓淡,均极相符,更倩人摹旧契图印之。临审呈验,失业者无以辩也。吴从掌案索观,反复良久,密告曰:"伪也。"即为申诉,谓:"民家契券,既不可悬之于壁,又不可辅之于几,则藏之箧,复虑其污且损也,则夹之书中,故叠侵焉,然蠹痕必重叠,断无能东西穿穴之理。今此契折纹,与蛀穴参差,殊不可解,祈明府吊取藏券之器以对之,则情伪毕现矣。"富家无可呈,乃放赎。
>
> 徽州有质库,地棍欲诈其赀,乃习其缪草,仿其戳记,依其款式,自造伪票,作珠一颗,曲五百金,计值

十当五,须偿千金。典主亦健者,取此月号簿呈送,棍乃转讼其伙,谓主人艳珠,令伙没入也。吴取票视之,笑而慰伙曰:"无恐,易剖耳。"具言:"各典店规,例以年长一小郎写票,大典柜伙四,次三,又次二,各授票百,以木扦贯而授之,否则落纸如飞,散同秋叶矣。请明府吊各典票验之,可见此票无孔,非典中物也。"棍语塞,乃遁。

这位吴墨谦显然与一般人所谓讼师不同,但他实实在在地又是一个"讼师"。可见讼师也不尽是贪利不义之人。当然这并不奇怪,也未必能够说明什么问题。值得注意的,倒是上引材料中那两则讼事。它们不但表明讼师确实有存在的理由,而且表明其存在的理由在道德上也可能是正当的。

近人刘体智所撰《异辞录》"讼师"条云:

往日之讼师,恶名也,其事则律师之事也。家敏斋购宅外隙地,上有土丘,相传以为无后之墓,地主请移之去,敏斋曾任甘肃陇西县令,知有不合,商之本地讼师王清臣。使一无赖某甲,自承为先人窀穸,迁葬。方将掘土,市中别一无赖某乙,持香烛至丘前拜,哭且诉,谓其家三世祖坟,非甲所有。挞之出,愤去,言必讼。既而掘至丘下数尺,中无所有,乃知称墓之误。甲方惊讶,清臣令往钱家坡乱冢中,觅一死柩,移至其家启视,仍封如旧，朝夕奉祀，以备讼事。质讯之日，官问曰："既为尔祖，当知其为考为妣。"乙支吾莫对。甲滔滔具陈柩内情状，验视果然，乙遂败。

断言讼师之事即是律师之事，理由并不充分，说二者事务有相近相通处，大概可以讲得通。即以此案言之，地产交易、确定经界，这类事情现在是需要律师出面办理。彼时以讼师行其事，可知讼师与律师在职能上有相通处。再者，此案中讼师王某行事的方式虽然奇异（这一点自然很值得我们注意），确定经界、保障交易的目的总还是达到了。这也可以表明传统社会里面，讼师自有其存在的客观理由。

近人包天笑在其《钏影楼回忆录续编》里也曾说讼师与律师的分别。他说律师为舶来品，讼师才是中国所固有者。"讼师是什么呢？说他是舞文弄法，包揽词讼，为国家所禁止，为社会所不齿，称之为刀笔吏、恶讼师。律师则不然，那就是为国家所尊崇，社会所仰仗了。这两者如何去辨别呢？自然是一正一邪一善一恶了。但我也听民间传诵，一个讼师，与官场奋斗，出神入化，平反了一个冤狱。我也见近代新闻，一个律师受豪强指使贪赃枉法，诬害许多良民。那么所谓律师与讼师者，也不过一字之差而已。"依包氏之见，讼师与律师的差别，最终也只是一种字词上的不同，这种看法未免过于简单了。

说律师与讼师只是一正一邪、一善一恶，本是过激之辞。

讼师中有以理为本、非理不受者,律师里面要找出不义之徒来也很容易。狡黠不义的律师形象,在19世纪以前西方文艺作品中并不少见。至于今日,律师更近于商人的一种。他们一心只追求成功,又以胜诉作为成功的唯一标准。为此,他们使出浑身解数,先通晓法律,再利用法律,巧舌如簧,字句必较。他们是修辞学家、演说家,也是表情生动的演员和善用逻辑的能手。这样的人未必都行不义,只是也没有什么可以保证他们个个是正人君子。上引包氏书中还有一篇《上海律师群像》,说到律师弄法的手段,其中有一种叫作"树上开花"的,正是旧时"包揽词讼"、"包打官司"一类。当然这并不等于说现时的律师就是旧时的讼师,只是国家、社会对待他们的态度改变了而已。

旧时讼师的存在,确实有着客观上的依据,是以讼师的活动,也包含了对于社会中某种正常需要的满足。只是,他们生长于其中的文化,不是立足于个人,而是只强调团体,以团体的要求替代个人主张去求社会的和谐;他们要利用的法律,亦不以权利的概念作为调整社会关系的准据,而是在社会关系的广泛领域里面,坚守一种消极的立场。因此之故,讼师注定要为社会所压制,为法律所禁止,为道德所轻贱,而不可能成为一种正当的职业。其结果,便是讼师不但被世人目为邪恶,它本身也确实有了几分恶的性格。历来关于讼师的记载、传说和评论固然是一种"偏见",但这"偏见"又是有些道理的。

近代以还，讼师终被律师所取代，其实并不只是与之相对应的国家和社会的态度发生了转变，而是社会的结构有了改变，是此一种社会中的法律有了改变。讼师与律师固然只是一字之差，但是这一字之差里面，实包含了历史文化上极深刻极丰富的内容。

讼 之 祸

《论语·颜渊》记录了孔子对于讼事的看法:"听讼,吾犹人也。必也使无讼乎!"在我们的文化里面,这种对待讼事的态度,实在有着价值上的深刻意蕴。

然而,古时的"无讼"观念,古人轻讼、贱讼的心态,不但可以由价值的方面来说明,也可以由更加实际的物质生活的方面来解释。

宋人胡石壁有判词云:"今世之人,识此道理者甚少,只争眼前强弱,不计长远利害。才有些小言语,便去要打官司,不以乡曲为念。且道打官司有甚得便宜处,使了盘缠,废了本业,公人面前赔了下情,着了钱物,官人厅下受了惊吓,吃了打捆,而或输或赢,又在官员笔下,何可必也。便做赢了一番,冤冤相报,何时是了。人生在世,如何保得一生无横逆之事,若是平日有人情在乡里,他自众共相与遮盖,大事也成小事,既是与乡邻仇隙,他便来寻针觅线,掀风作浪,小事也成大事矣。如此，则是今日之胜，乃为他日之大不胜也。"[1] 这一番话说得简单明了，深中肯綮。后人谈讼之为祸，大抵不出此范围之外。

宋人范诗云："些小言词莫若休，不须经县与经州。衙头府底赔杯酒，赢得猫儿卖了牛。"明人为之注曰："大凡人家些小事情，自家收拾了，便不见得费甚气力，若是一个不伏气，到了官府，衙门中没一个肯不要赚钱的。不要说后边输了，就是赢得来，算一算费用过的财物，已自合不来了。……又有不肖官府，见得上千上万的状子，动了火，起心设法。这边送将来，便道：'我断多少与你。'那边送将来，便道：'我替你断绝后患。'只管理着根脚、漏洞，等人家争个没休歇，荡尽方休。又有不肖缙绅，见人家是争财的事，容易相帮。东边来说，也叫他：'送些与我，我便左袒。'西边来说，也叫他：'送些与我，我便右袒。'两家不歇手，落得他自饱满了。世间自有这些人在那里，官司岂是容易打的？"[2] 接下来有一段故事，恐怕不是编造得来。读者自可找来一阅。

清人审理词讼者亦深明此理，所以于审断完毕时，明白晓喻，"告以控而不胜，固获咎愆，控而即胜，亦非良善。挟有夙嫌，则冤仇日结，卒至两败俱伤。因利争控，则废业伤财，竟至得不偿失。若因负气一时，何苦受此累月经年之患。若受他人挑唆，何苦自蹈剥肤噬脐之伤。即使实有事端，必

---

[1] 胡石壁：《乡邻之争劝以和睦》，《名公书判清明集》卷十。
[2] 凌濛初：《二刻拍案惊奇·赵五虎合计挑家衅，莫大郎立地散神奸》。

须明白伸理，或听人劝处，自受小屈，转得无事之福，并为乡里称道。若务求胜人，竟以健讼为事，即使控争得计，亦不过成一讼棍之名，且始以此得，终必以此失，将来必有破家亡身之害。而子孙习染争讼，累世之后，尚受其殃"[1]。关于此中"废业伤财"一项，清人武穆淳《劝息讼说》讲得尤为明白晓彻：

> 谚语曰："衙门六扇开，有理无钱莫进来。"此二语，并不是说县县皆是贪官墨吏也。……今且就有理无钱之词，为尔等引申之。大凡告状之人，未必全能自写呈词，或托亲友延访讼师，讼师平空效劳否？必假代书盖印戳记，代书平空徒当差否？承科挂号，未必无费。已递词而守候批示，岂能无费？差役执票到家，何能无饮馔馈赠之费。请公亲，延词证，又何能无往返供给之费？本署县凡遇签差之件，皆当堂约戒，按路途之远近，标定限期，无如差役积疲锢结，执票如约者，十不得二三，不得已为之一再加催票，不得已为之挂牌示审期，始则限比散役，继则严处总头，舌弊唇焦，费尽心力，幸有全案之能带讯者，已月余日矣。试问此月余中，本为盛怒而来，一日不能取胜，则一日无颜径归，急躁之余，羞忿随之，当斯时，能不屡屡具催词，谓差役之卧票不

---

[1] 钟祥：《审理寻常词讼》，《皇朝经世文编续编·刑政》。

行乎？能不殷殷贿房科，为之速具催票乎？在城之银钱，糜费若干，在乡之田畴，荒芜无算。一讼之累，有假子钱以剂者，有鬻田产犹不能尽偿者，如此看来，是未经堂断，小忿未泄，而已先有如此种种累害也。[1]

凡此种种，未可尽以"偏见"视之。讼之为祸与否，不能由偏见促成，而取决于此一社会中有关各部分的状况及其相互作用。倘我们了解此一社会中法的性质、功用，了解其司法制度的构成与工作方式，以及了解与此相关的社会结构与社会心理，则我们对于古人视讼事为祸端的态度，当有更深刻的认识。

---

1 《皇朝经世文编续编·刑政》。

沈家本与中国近代法制

正好是五十年前的今天,已故北京大学教授蔡枢衡先生写就了《中国法律之批判》一书。在这书的篇首,他写道:"三十年来的中国法和中国法的历史脱了节;和中国社会的现实也不适合。这是若干法学人士最感烦闷的所在,也是中国法史学和法哲学上待决的悬案。"[1] 这一个"待决的悬案"今天解决得怎样,我们在下面还要谈到,而此刻要弄清的,是这"悬案"能否成立,以及倘若能够成立,"悬案"缘何而来。为此,我们可以由清末修订法律大臣沈家本先生开始。

沈家本(1840—1913),字子惇,号寄簃,浙江归安人,史家谓其"少读书,好深湛之思,于《周官》多创获"[2];光绪九年成进士,留刑部,补官后,充主稿,兼秋审处,遂专心法律之学;光绪十九年出知天津府,后授光禄寺卿,擢刑部侍郎。光绪二十八年,沈家本受命出任修订法律大臣,至

1　蔡枢衡:《中国法律之批判》,第1页。
2　《清史稿》卷四四三,列传二百三十。

此，他的才具与抱负才得以充分地施展。

沈家本所处的时代，正是中华民族历史上最动荡、最关键的时刻。鸦片战争爆发，内忧外患纷至沓来，于是有洋务运动，有戊戌变法。至其终不能成功，乃又有第二次变法。先是在光绪二十七年，两江总督刘坤一、两湖总督张之洞两次会奏变法事宜，其中于法制改革一项列举颇详。[1] 然后有光绪二十八年四月初六日上谕，谓"现在通商交涉事益繁多，着派沈家本、伍廷芳将一切现行律例，按照交涉情形，参酌各国法律，悉心考订，妥为拟议，务期中外通行，有裨治理"[2]。考其背景，实是因为光绪二十六年以后，英、日、美、葡诸国在与中国续订的商约里面，应允待中国律例与东西各国改同一律，即放弃其在华的领事裁判权。清廷的这一次变法，因此在一开始就有了一种急功近利的政治色彩。沈家本在这种情形之下受命为修律大臣，自不能不受某种褊狭的影响。然而，他毕竟能以敏锐的心智去了解世界大势，以开明的胸怀去应和历史潮流，创为一代法学。其议论与活动，不独于当日的法律改革有着直接的作用，对于中国近代以来法律之性格的形成与发展也有着深刻的影响。

沈家本受命为修律大臣数年，其主要活动，也是他对于近代法律改革及中国法律学的主要贡献，大体在三个方面。第一是主持修订法律馆，网罗人才，译介和研究东西各国法律，并整理中国法律旧籍。据沈氏光绪三十三年五月十八日

---

[1] 详见杨鸿烈《中国法律思想史》下册，第301—305页。
[2] 沈家本：《寄簃文存》卷一，《删除律例内重法折》。

奏称，修订法律馆自光绪三十年四月初一日开馆至当日，已"先后译成法兰西刑法、德意志刑法、俄罗斯刑法、和兰刑法、意大利刑法、法兰西印刷律、德国民事诉讼法、日本刑法、日本改正刑法、日本海军刑法、日本陆军刑法、日本刑法论、普鲁士司法制度、日本裁判构成法、日本监狱访问录、日本新刑法草案、法典论、日本刑法义解、日本监狱法、监狱学、狱事谭、日本刑事诉讼法、日本裁判所编制立法论，共二十六种。又已译未完者，德意志民法、德意志旧民事诉讼法、比利时刑法论、比利时监狱则、比利时刑法、美国刑法、美国刑事诉讼法、瑞士刑法、芬兰刑法、刑法之私法观，共十种"[1]。东西诸国法律并法律学论著这样大规模地介绍到中国，使得比较各国法例，去芜存菁，转而应用于改造本国旧律和创立新法，成为可能。至于迻译过程中的调查考核、辨明文义和甄定名词，其对于创建中国的法律学，更有重要的意义。

沈家本法律活动的第二个方面是兴办法律学堂，培养新一代法律人才。沈氏《法学通论讲义序》云："余恭膺简命，偕新会伍秩庸侍郎修订法律，并参用欧美科条，开馆编纂。伍侍郎曰：'法律成而无讲求法律之人，施行必多阻阂，非专设学堂培养人才不可。'余与馆中同人佥赞其议，于是奏请拨款设立法律学堂……而教习无其人，则讲学仍托空言也。乃赴东瀛，访求知名之士，群推冈田博士朝太郎为巨擘，重聘

---

[1] 《清末筹备立宪档案史料》下册，《修订法律大臣沈家本奏修订法律情形并请归并法部大理院会同办理折》。

来华。松冈科长义正,司裁判者十五年,经验家也,亦应聘而至。于光绪三十二年九月开学,学员凡数百人,昕夕讲贯,晌经三学期矣。"[1] 以往,中国有律学的传统,而且历史上,为法律章句,聚徒讲授,甚而以律学传家者不乏其人,然而中国之有法学,却是由这时开始。因此,创办法律学堂一举,不但是与创制和施行新法相配合,从而为当日法律变革中不可缺少的一环,而且开风气之先,为中国近代法律教育和法学研究的起始。

沈家本法律活动的最后一个方面,是为修订旧法、创立新法的立法实践。修订旧法,不能没有方针,创立新法,亦须设立准则,这些都关涉到立法者的立场和倾向,最能够表明其思考与个性。如果说法典的效力只能行于一时,那么,贯注于法典编订中的立法者的思想,以及因为法典编纂而来的种种建议、争执和议论,肯定有着更加久长的价值。事实上,沈家本在这一方面的活动,其内容最为丰富,意义最为重大,影响亦最深远。以下先述其思想的基本特征。

沈家本身处变动的时代,目睹东西各国因重法治而日渐强盛,清帝国法敝国衰的事实,他是极力主张改革旧律,以变应变的。其《重刻明律序》云:"《易·系传》曰:'变通者,趣时者也。'《记》曰:'礼时为大,刑与礼相表里。'《书》曰:'轻重诸罚有权,刑罚世轻世重。'惟其变之所适,而权必因乎时,时之义,大矣哉。……当此时而讲求刑法,

---

[1] 沈家本:《寄簃文存》卷六。

其亦惟寻绎《易传》趣时之义乎!"这是其变易的哲学。而其基本的立场,则可以"参考古今,博稽中外,融会贯通,不存偏见"这十六个字来概括。偏见之来,或泥于古,或系于今,或执于旧,或惑于新。沈家本则主张破除一切门户之见,取人之长,补己之短。其《裁判访问录序》云:"我法之不善者当去之,当去而不去,是之为悖;彼法之善者当取之,当取而不取,是之为愚。夫必熟审乎政教风俗之故,而又能通乎法理之原,虚其心,达其聪,损益而会通焉,庶不为悖且愚乎。……古今中外之见,又何必存哉。"因为这样一种立场,沈家本每论一事,每下一义,常以本国古今之法律、实例、学理,并外国法律、学说参同比较。自然,比较要有取舍,取舍当有标准,而沈氏总是保有自己独立的判断力。后来学者如蔡枢衡氏,把沈家本视为"西化论"的代表,至少是有些简单化了。沈家本固然不像当时一般顽固守旧之人,以礼教为万古不变的常纲,但也绝不是一味厚今薄古,言必称西洋的盲从者。事实上他对于中国固有传统不但有着深切扎实的了解,而且抱有坚定不移的信念。他在《法学名著序》中说:"夫吾国旧学,自成法系,精微之处,仁至义尽,新学要旨,已在包涵之内,乌可弁髦等视,不复研求。新学往往从旧学推演而出,事变愈多,法理愈密,然大要总不外'情理'二字。无论旧学、新学,不能舍情理而别为法也,所贵融会贯通之。保守经常,革除弊俗,旧不俱废,新亦当参,但期推行尽利,正未可持门户之见也。"因此之故,修订法律馆"既广译东西各国法律之书,复甄录我国旧文",若《唐律疏议》《宋刑统》《元史·刑法志》《元典章》《明律》等，皆得重刻重印。至法律学堂所设科目，中有《大清律例》一门，沈氏于《大清律例讲义序》中申明其理由说："余奉命修律，采用西法互证参稽，同异相半。然不深究夫中律之本原而考其得失，而遽以西法杂糅之，正如枘凿之不相入，安望其会通哉？是中律讲读之功，仍不可废也。"[1] 他还针对当时崇尚西学，以旧籍为陈迹故纸的议论驳议说："理固有日新之机，然新理者，学士之论说也。若人之情伪，五洲攸殊，有非学士之所能尽发其覆者，故就前人之成说而推阐之，就旧日之案情而比附之，大可与新学说互相发明，正不必为新学说家左袒也。"[2] 又说："当此法治时代，若但征之今而不考之古，但推崇西法而不探讨中法，则法学不全，又安能会而通之以推行于世？"[3] 这种态度表现在其论学的逻辑里面，便是经常地在《周官》事迹与汉、唐法制中求取与西法的共通之处，转而作批判的武器、立论的根据。如其奏请删除大清律例中凌迟、枭首、戮尸、缘坐、刺字诸残酷野蛮刑罚，一面陈说"西人每訾为不仁"，且借口于此，不受中国约束的事实，一面诉之于古代制度、古人议论，据而为演绎、发挥。如谓"刑律以唐为得中，而《唐律》并无凌迟、枭首、戮尸诸法"；"罚弗及嗣，《虞书》所美。罪人以族，《周誓》所讥。今世各国咸主持刑罚止及一身之义，与罪人不孥之古训实相符合，

---

1 同上。
2 同上书，卷一，《刑案汇览三编序》。
3 同上书，卷一，《薛大司寇遗稿序》。

洵仁政之所当先也"。[1] 他如买卖人口，"既为古昔所本无，又为环球所不韪"，当予革除。[2] 至如现代监狱制度，更是得古人设狱的宗旨。[3] 据沈家本看来，"大凡事理必有当然之极，苟用其极，则古今中西初无二致，特患无人推究之耳"[4]。可以注意的是，这种以古证今的立场，于沈家本并非僵死的教条，而是一种健全的信念，因此能有灵活和有活力的运用。大清律例中本无"伪造外国银币"的罪名，沈家本奏请设立专条，以资引用，完全以当日东西诸国法律为依据；[5] 刺字虽系古法，然"未能收弼教之益而徒留此不德之名，岂仁政所宜出此？"[6] 死刑分绞、斩，为日人冈田博士所诟病，沈家本据学理、经验反复推求论证，并不盲从；[7] 西人法律有以自杀为罪者，沈家本认为其于情于理均不符合，不足取法；[8] 中律有"诬证"，而讲西各国刑法，皆译为"伪证"，证以音韵训诂，沈氏以为后者"更为允协"。[9] 显然，沈家本征引《周官》《唐律》，并非一味信古，其引据当日东西各国法律，也不是盲目崇洋，他是站在时代的立场，以一个开明绅士的胸怀，去探求新旧交替之际法律发展的途径。他的思想和议论，因此而有浓重的时代色彩。他推重法律之治，重视法律教育

---

[1] 同上书，卷一，《删除律例内重法折》。
[2] 同上书，卷一，《禁革买卖人口变通旧例议》。
[3] 即非以苦人、辱人，将以感化人也。详见沈家本《寄簃文存》卷六，《监狱访问录序》。
[4] 同上书，卷六。
[5] 同上书，卷一，《伪造外国银币设立专条折》。
[6] 同上书，卷一，《删除律例内重法折》。
[7] 同上书，卷三，《死刑惟一说》。
[8] 同上书，卷二，《论威逼人致死》。
[9] 同上书，卷二，《论诬证》。

和法学研究，主张删除法律中的严酷刑罚，改革旧有行刑制度，革除人口买卖的陋习，实行满汉在刑、民法律上的平等，这些都可以说不仅是受了当时东西各国法律的影响，也是基于他对传统政制及其精神的深刻理解和认同。由这一层意义上看，他的以古证今便不简单是人们常说的所谓"托古改制"，一种策略上的权宜之计，而是有着积极价值的对于传统的再认识。这正是沈家本思想中最值得后人注意和思考的一点。

宣统二年，由沈家本负责删修的《大清律例》以《大清现行刑律》之名正式颁行。在这部过渡时期的法典里面，前述沈家本诸人就刑律所当革除者提出的具体主张，许多都得到了实现。然而这只是清末法律创新的开始。自光绪三十二年起，完全按照西方法律分类编制的法典，如刑法、民法、商法及刑事和民事诉讼法，均在准备和起草之中。其中，由日人冈田、松冈二氏负责起草的刑法《大清新刑律》，迄光绪三十四年完成；松冈、志田二氏协同俞廉三、刘若曾起草的民法"总则"、"物权"、"债权"三编，协同朱献文、高种和起草的民法"亲属"、"继承"二编，都在宣统三年告成，称《大清民律草案》。到了清朝覆亡前夕，"六法"（上述诸法之外，又有宣统三年作为宪法宣布的《十九信条》）均已有了雏形。虽然这些新法典的内容远未得到完善，且其中的多数未曾施行，但在中国法律数千年的历史上，这已是亘古未有的大革命了。改弦更张的无可奈何无需多言，既变之后的訾议、反对自然也在所难免。

光绪三十三年，沈家本就刑律草案修订大旨作了若干说明，认为"旧律之宜变通者，厥有五端"，一是"更定刑名"，二是"酌减死罪"，三是"死刑唯一"，四是"删除比附"，五是"惩治教育"。次年，草案告成奏上，批由宪政编查馆咨交各省签注。一时之间，讥议之声遍开朝野。上有宣统元年"修改新刑律不可变革义关伦常各条"[1] 的上谕，下有各省疆吏的排击指斥。于是，爆发了一场"法治"与"礼教"新旧两派的大论战，[2] 其结果，宣统二年十二月新刑律宣布之日，根据守旧派法部尚书廷杰之议，附加《暂行章程》五条。沈家本被迫离任。

宣统三年，新的民律草案告成，其编辑宗旨有四：一是"注重世界最普通之法则"，凡能力的差异，买卖之规定，以及利率时效等项，悉采用普通之制；二是"原本后出最精之法理"，关于法人及土地债务诸规定，采用各国新制；三是"求最适于中国民情之法则"，凡亲属、婚姻、继承等事，除与立宪相背酌量变通之外，多取诸现行法制、经义、道德等；最后是"期于改进上最有利益之法则"，为此设债权与物权的详细区划，冀收一道同风之益。[3] 考诸实践，征诸学理，以民法典"功用之宏，既较刑事等律为綦切，撰述之法，实较刑事等律为更难"[4]。然而，《大清民律草案》的命运，远不像新

---

1 详见《清末筹备立宪档案史料》下册，《修改新刑律不可变革义关伦常各条谕》。
2 详见杨鸿烈《中国法律思想史》下册，第 321—332 页。
3 《清末筹备立宪档案史料》下册，《修订法律大臣俞廉三等奏编辑民律前三编草案告成缮册呈览折》。
4 同上。

刑律那样曲折坎坷，这恐怕不是因为其与礼教的冲突较新刑律为少，而是因为民法所涉的问题，实较刑律更为广泛和深刻。以法律为建构社会的基本手段，以权利、义务概念为调整人际关系的核心，以契约自治、权利平等为建立社会联系的模式，更以个人主义为各项法律原则的柱石，这便是近代西洋民法的基本特征。它所体现的根本是另一种文化设计，其与中国固有政制、法律及其精神必定发生深刻而持久的冲突。只是，在新旧激荡的剧烈变革时期，斤斤于礼教纲常而于田土、钱债诸"民间细故"一向不屑理会的守旧者，对于这类隐蔽于民生日用之中的深刻冲突一时不易充分觉察。况且，中国古来只有刑律，关涉伦常各条又正是刑律中的重点。自然，《大清民律草案》甫成，清朝即告覆亡，时间的因素也当在考虑之列。

由上述清末新法中刑律与民律命运大不相同这一事实，我们应当注意到，清末的法律改革虽然代表了中国历史上一次前所未有的大变革，但是由于各种各样的原因，关于这场变革的历史意义和文化意义，它所带来的历史与现实、法律与社会之间的脱节和冲突，以及冲突的解决办法等一系列重大问题，当时人未能有深入的思考，致使留与后人一桩"待决的悬案"。

中华民国成立之初，所有前清施行的法律，除与国体相抵触者外，皆得暂行援用。此后数十年，法律的修订时断时续，直至1928年立法院成立，刑、民、商诸法始渐次完成和公布。这一次的法典编纂，虽然可以视为前清法律改革的继续与完成，其意义却远远超出领事裁判权的取消这一原初的宗旨。19世纪随着不平等条约而强加于中国的领事裁判权和特别法庭，在20世纪40年代成了历史的陈迹，而为了实现这一目标，经过四十年努力建立起来的新的法律体系，却刚刚开始它那新的生命历程。一种不可逆转的历史进程，不可避免地取代了政策上的权宜之计。结果是使得变法伊始就存在的外国与中国、历史与现实诸矛盾愈发地突出和不可回避。

蔡枢衡先生在《中国法律之批判》一书中写道：

> 中国历史上还不曾有过普遍彻底推行自由主义和个人主义和产业资本主义的事实；宪政或法治迄今还是当作运动目标的理想。团体主义的精神还只是血缘的同学间普遍而深刻的现象。职业和社会层间的团体意识还只在萌芽时代；既不深刻，也不普遍。[1]

这是五十年前中国的情形，今天的中国社会，无论大陆还是台湾，都已有了很大的改变，然而，五十年前的问题，就其最一般意义而言，依然存在着。中国现行法律与历史脱节、与社会不相适应这一个"待决的悬案"，还在困扰着人们。这种脱节与不适应，自公法的方面说，是社会上下对公民权利的普遍漠视，是公民意识的严重欠缺，是国家政治生活中法律与政策的不相符合；而由私法的一面看，则是人情

---

[1] 蔡枢衡：《中国法律之批判》，第27页。

重于法律，是法外解决一切而不愿对簿公庭的习惯，是安于界限模糊的人际关系而拒斥权利－义务的明确划分，是法律上的"有我"和社会中的"无我"的对立，也是惯于社会、家族、行政诸方面对民商行为的任意干涉。所有这些，都是源自西方法律与中国固有文化的内在冲突，源自一百五十年来中国历史的特殊进程。

从理论上说，上述冲突并非不可以解决，而在实践中，也早有人努力去做调和的尝试。沈家本以其特有方式而为中西法律及其精神的调和、贯通，算是最早的一例。1930 年的民法是另外一例。这部民法一面总结清末以来立法的经验教训，一面吸收当代世界最新法例与学说，努力将中国远、近传统（"王道精神"与"三民主义"）中的优良因素，与当代世界法律发展的最新成就冶为一炉，因而确立了"社会本位"的原则。今天看来，这部民法虽有其成功之处，却也不是没有问题。林咏荣先生以为，无论清末立法还是 1930 年民法，其立场都是舍己从人，置固有传统于不顾，未必与国情相调和。[1] 另一学者王伯琦先生认为，中国社会既不曾有过"个人本位"的阶段，而即引入"社会本位"的法律，致使社会只有"刑律"与"道德"两端，实际是将未经扬弃与创新的传统改头换面罢了。[2] 数十年的历史表明，这是一个真实的问题（虽然可能有另一种表现方式），但是出路在哪里呢？今人要有所创新，总不能既不顾固有传统，又不考虑当代世界

---

[1] 参见林咏荣《中国固有法律与西洋现代法律之比较》。
[2] 参见王伯琦《近代法律思潮与中国固有文化》。

的发展趋势，而把西方上一个世纪的自由主义法典当作模范，亦步亦趋吧。况且，不能植根于传统的创造，绝不能有真正的成功。在传统的与外来的、历史的与现实的各种冲突之间，如何把握一个适宜的"度"，以调动与调和所有有益因素，创造新的健康的传统，依然是一个问题。然而比这一点更为根本的，是20世纪的中国人对待外来挑战的立场与态度。杨鸿烈曾将中国的改革比作改造祖传的旧宅，即使男主人赞成，女主人要反对，更有子女甚至仆人们不以为然，结果还是"依然旧屋"，倘一家人无固定住宅，则可依流行式样随意租房，因此也不会落后，如邻邦日本的情形。[1] 严复更进一步认为，今日欧美诸国之所以强，而文明支那之所以弱，全在乎"虑亡自满之心"。"日本与中国，同时被创于西人者也，顾三十年之顷，日本勃然以兴，而中国痿然若不可救。彼尝以国小而知危，吾以地大而自满故耳。"[2] 这才是问题的症结所在。因为必先有虑亡知危之心，然后有奋起的决心与清明的意识，然后才谈得上兼收并蓄，卓有成效地吸收外来经验，改造固有传统。由此造成的文明，才可能是健康的和有生命力的。不幸的是，这种虑亡知危之心，在沈家本、严复一代人虽有，今天却不复存在。然而，问题依然。

八十年前，沈家本身处变局，心存忧患，致力于吸收西法、改造中法，创立新传统。他相信法学的盛衰与政之治忽息息相关，又认为法律为专门之学，非俗吏所能通晓，因而

---

[1] 见其《中国法律思想史》下册，第332页。
[2] 严复：《孟德斯鸠法意》"按语"。

注重法律的教育;他介绍和引进西方法律,既重翻译,又重调查,更强调得其"真精神以运用之"[1];他胸怀宽广,旁收博采,既不存门户之见,又能力排众议,坚持己见;他因为明了世界大局,所以能弃旧图新,力主变革,又因为尊重传统,了解国情,所以在变法中以渐进为主义……作为中国历史上第一个法学家、中国近代法制的创建人,沈家本是一个值得后人认真研究的人物。

---

[1] 沈家本:《寄簃文存》卷六,《新译法规大全序》。

再版说明

本书初由海天出版社于1992年出版,十二年后,中国法制出版社再版。从初版到现在,过去了将近三十年。这期间,与本书内容有关的研究,包括中外学者的文章与论著,出版者不在少数。倘若这些相关的研究都能被吸纳进来,本书的内容肯定会大为丰富和充实。只是那样一来,读者看到的可能就是另一本书了。而从作者的方面说,着手去写一本书是另一件事,要启动这件事并不容易。在这种情况下,最好的办法,也许就是保留原书面貌,如此,即令其中仍有不尽如人意处,读者看到的,至少是一种真实的历史片段。

总之,此次再版,除少量技术上的改动,只是删去了已经收入作者其他著作中的四篇文章,以免重复,其他一仍其旧。还要说明的是,2004年再版时,我选用了若干古代版画植入书中以增加本书意趣,这些版画均由已故藏书家田涛先生提供。田涛先生为人慷慨、古道热肠,本书再版,他若地下有知,想来也是乐见其成吧。

梁治平

庚子年五月十九日

妫水别舍

参考文献

包天笑：《钏影楼回忆录续编》（香港：大华出版，1973）。

蔡枢衡：《中国刑法史》（桂林：广西人民出版社，1983）。

蔡枢衡：《中国法律之批判》（北京：正中书局，1942）。

蔡正孙：《诗林广记》（北京：中华书局，1982）。

陈鹏：《中国婚姻史稿》（北京：中华书局，1990）。

戴炎辉：《中国法制史》（台北：三民书局，1979）。

海瑞：《海瑞集》（全二册）（北京：中华书局，1962）。

黄仁宇：《万历十五年》（北京：中华书局，1982）。

蒋伯潜：《十三经概论》（上海：上海古籍出版社，1983）。

江东伟：《芙蓉镜寓言》（杭州：浙江古籍出版社，1986）。

梁治平：《寻求自然秩序中的和谐：中国传统法律文化研究》（北京：商务印书馆，2013）。

梁治平：《法辨：法律文化论集》（桂林：广西师范大学出版社，2020）。

林咏荣：《中国固有法律与西洋现代法律之比较》（台北："中央文物供应社"，1982）。

林咏荣：《中国法制史》（台北：台北大中国图书公司，1976）。

林语堂：《苏东坡传》（天津：百花文艺出版社，2001）。

刘体智：《异辞录》（北京：中华书局，1988）。

刘献廷：《广阳杂记》（北京：中华书局，1985）。

吕思勉：《中国制度史》（上海：上海教育出版社，1985）。

吕思勉：《吕思勉读史札记》（上海：上海古籍出版社，1982）。

毛祥麟：《墨余录》（上海：上海古籍出版社，1985）。

［法］孟德斯鸠：《论法的精神》，张雁深译（北京：商务印书馆，1982）。

中国社会科学院历史研究所宋辽金元史研究室校：《名公书判清明集》（全二册）（北京：中华书局，1987）。

蒲松龄：《聊斋志异》（上海：上海古籍出版社，1986）。

朋九万：《东坡乌台诗案》（北京：商务印书馆，"丛书集成初编"，1939）。

钱锺书：《管锥编》（全四册）（北京：中华书局，1979）。

故宫博物院明清档案部编：《清末筹备立宪档案史料》（全二册）（北京：中华书局，1979）。

瞿同祖：《中国法律与中国社会》（北京：中华书局，1981）。

沈家本：《历代刑法考》（全四册）（北京：中华书局，1985）。

沈起凤：《谐铎》（北京：人民文学出版社，1985）。

睡虎地秦墓竹简整理小组编：《睡虎地秦墓竹简》（北京：

文物出版社，1978）。

长孙无忌：《唐律疏议》（北京：中华书局，1983）。

王伯琦：《近代法律思潮与中国固有文化》（台北：法务通讯杂志社，1957）。

王利器辑录：《历代笑话集》（上海：上海古籍出版社，1981）。

无名氏：《湖海新闻夷坚续志》（北京：中华书局，1986）。

《刑台法律》（北京：中国书店出版社，"海王邨古籍丛刊"，1990）。

许奉恩：《里乘》（济南：齐鲁书社，1988）。

徐珂：《清稗类钞》（北京：中华书局，1984）。

杨鸿烈：《中国法律发达史》（北京：商务印书馆，1930）。

张瀚：《松窗梦语》（北京：中华书局，1985）。

张鷟：《龙筋凤髓判》（北京：中华书局，"丛书集成初编"，1985。另见田涛、郭城伟校注本，北京：中国政法大学出版社，1996）。

郑克：《折狱龟鉴》（北京：中华书局，"丛书集成初编"，1985。另见刘俊文译注点校本，上海：上海古籍出版社，1988）。

周紫芝：《诗谳》（北京：中华书局，"丛书集成初编"，1985）。